週1回30球で上手くなる！

大人のゴルフ練習帳

プロゴルファー
中井 学

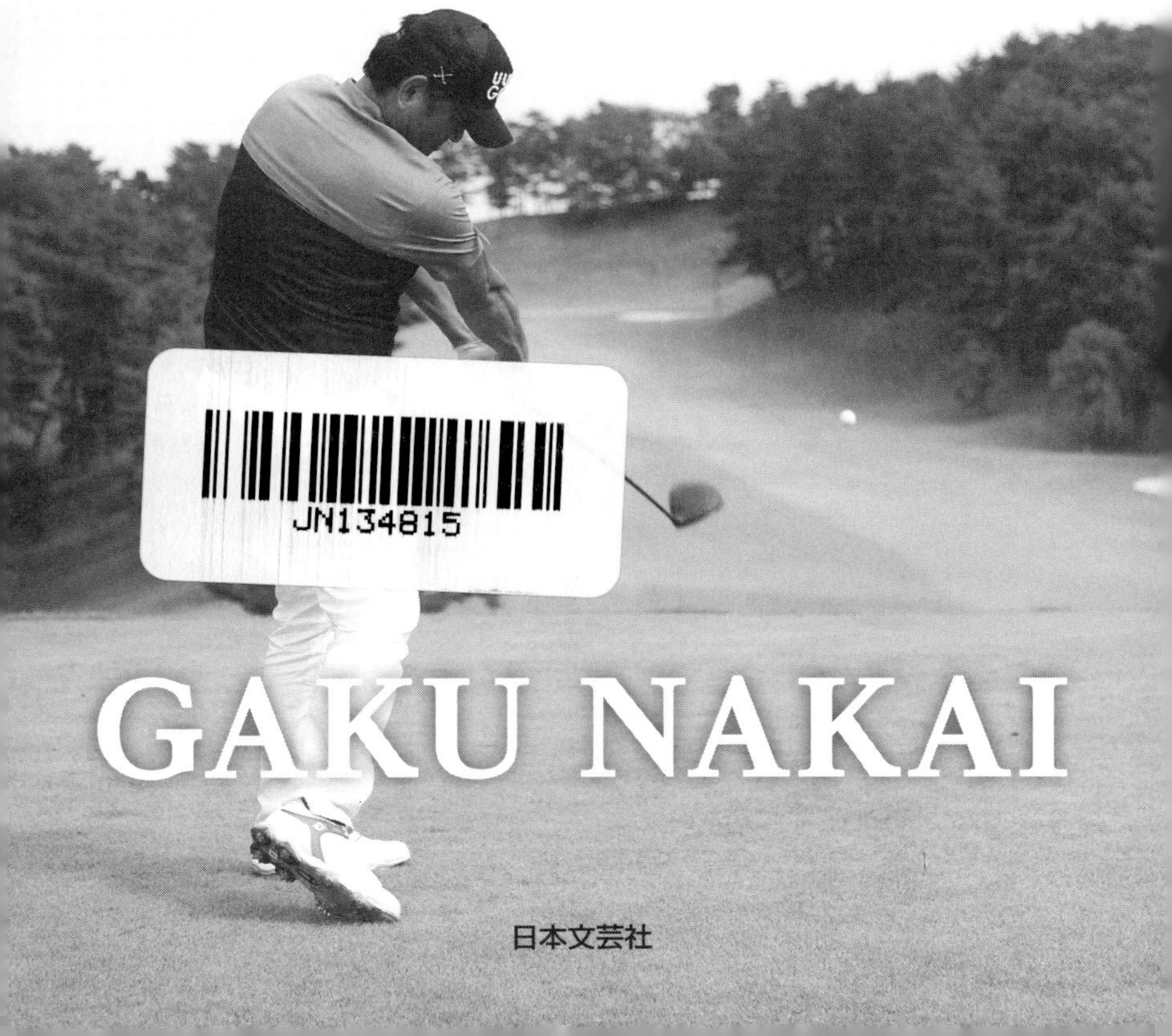

GAKU NAKAI

日本文芸社

はじめに

こんにちは、プロゴルファーの中井学《なかいがく》です。

私はこれまで20年間に渡って多くのアマチュアゴルファーを指導してきました。

ゴルファーたちの悩みは、「ボールが曲がって狙った方向に飛ばない」「飛距離が全然伸びない」など人それぞれです。

でも一番多かった声を集約すると、「一生懸命に練習しているのに、なかなかスコアアップできない」というところに行き着きます。

ゴルフに限らずどのようなスポーツでもそうですが、「正しいことの反復」が大事です。上達のためにはこれしかありません。

ところがゴルフの場合は、結果が出るまでの時間が長く、そのために何が正しくて何が間違っているかを把握しにくい面があります。

間違ったことを長く続けたために、上達が人より遅れてしまうという悪循環に陥りやすいのです。

もちろん、上手くなるには練習は絶対に欠かせません。でも、練習の成果がなかなか表われないようでしたら、練習方法を一度見直してはどうでしょうか。私から見て、「練習をもう少し工夫すれば、もっと早く上手くなれるのにもったいない」と思うゴルファーがとても大勢います。

要は練習の無駄を省けば練習の効率が上がり、それだけ上達がスピードアップするのです。

本書は週1回、それも30球程度で身につけられることを主に構成しています。練習のどこが無駄なのかを明らかにし、少ない球数でも確実にレベルアップできる密度の濃い練習の仕方を取り上げました。

ひとりでも多くのゴルファーが練習方法の改善によって上達を実感し、喜んでいただけたら幸いです。

中井　学

週1回30球で上手くなる！
大人のゴルフ練習帳

INDEX

第1章　少ない球数でも練習の成果がこんなに上がる！

第2章 練習で「自分のセンター」を把握しておこう

第3章 「極端なこと」をやってみる練習でゴルフの楽しさ倍増

第4章 レベルをワンランク上げるための「大人の練習法」

序　章

あなたは「もったいない練習」をしていませんか？

練習場で１００発や２００発も打てば「たくさん練習した」気分になれる。でも、量をこなすだけでは効果は薄い

prologue 1

ほとんどのゴルファーは目的意識のない練習を繰り返しています

「練習はウソをつかない」とよくいいますね。

そう耳にすると練習は量がモノをいうようなイメージを思い浮かべるかもしれませんが、量よりも質が肝心です。

「どんな練習をしたか」がゴルフの上達の決め手となるのです。

私の見る限りでは、何をよくしたいのかの整理ができていないまま、練習に没頭している人が多いように感じます。

「たくさん打てば、きっと何かが変わるだろう」という目的意識が曖昧な練習はもうやめましょう。

練習には「コースでこんな球を打ちたい」「こんなプレーをしたい」といった目標がなくてはなりません。

そうした目的意識があってこそ、「今日は何の練習をするか」というテーマが明確になるのです。

1本のクラブしか使わない練習だって効果が高い

シングルハンデのようなゴルフが上手い人たちは、必ず練習の目的を決めて取り組んでいます。クラブを1本しか持って行かない練習もよくします。その日によってドライバーだけ、7番アイアンだけ、アプローチウェッジだけという具合に1本のクラブだけで50~100球打つことで、いろいろな気づきが得られます。

大半のゴルファーはキャディバッグに全部のクラブを入れて、どのクラブも満遍なく打って満足感に浸ったり、安心したような気分になったりしていますが、目的意識が曖昧な状態で量をこなしただけで、気づいたことや学べたことが少なくて、質が全然伴っていないケースが多いのです。

練習の課題や明確な目的がないまま多くの球を打ち続けるのは、実にもったいない話ですし、それではゴルフのレベルアップやスコアアップには直結しないのです。

アマチュアゴルファーの皆さんの練習内容が、すべて無駄だと否定しているわけではありません。

これまでの練習を振り返って、目的を持って練習に取り組んでいたかどうかを自問自答していただきたいのです。

「目的が明確でなかった」と思われたら、今後は自分の練習のテーマを決めて1球1球を大事に打つことを心掛けましょう。

特にサラリーマンゴルファーの方々は練習の時間が限られていますから、練習の無駄を省くことを第一に考えてみる必要があります。

目的意識を持った練習が上達に直結する

今日の練習の目的を決めておく

Point

ボールを多く打つだけの練習では成果が上がらない。無駄を省くためにも、練習のテーマを明確にしておこう

prologue 2

プロや上級者たちは「距離感を確実にする」基本練習に主眼を置きます

多くのアマチュアゴルファーは練習場で球を打っていると、「飛んだ」「飛ばなかった」とか、「当たった」「当たらなかった」などと、ショットの結果に一喜一憂しています。

言い方を替えれば、練習場でグッドショットを打つことに一生懸命になっているのです。

その上、ドライバーやアイアンが気持ちよく飛んでいかないと気分がよくないせいか、どんなときもフルショットしようとします。

アマチュアの方々のフルショットは、「全力スイング」とか「力いっぱい」という考えですから、100パーセントの力を出し切ろうとします。

それがスイングのバランスを崩し、ミート率を低下させてしまう元凶なのです。

力まかせに振り回すクセがついてしまっては、コースに出たときに18ホールを通して同じスイングを維持するのは難しくなります。

コースにおけるプレーは、誰よりも遠くに飛ばすことを競い合うドラコン競技とはまったく違うのです。

8割スイングが距離感の安定につながる

スタートの1番ホールから上がりの18ホールまで、同じ力加減とバランス、リズムでクラブを振れるようなスイングを、練習場で身につけることが何よりも重要です。

大切なのは、スイングをコントロールしやすい力をセーブした「8割スイング」であり、距離感を安定させるためには絶対必要なスイングです。

8割スイングを実践するプロやシングルゴルファーたちの基本練習は何かと

いうと、距離感をつくったりチェックしたりする練習です。

「距離感を確実にする」のが目的というわけです。

たとえば、7番アイアンでキャリーをきっちりと150ヤード打つということです。アイアンの練習では方向ばかりを考えがちですが、「縦の距離感」を揃えることが肝心です。

ターゲットよりも手前にショートしたりオーバーしたりしなければ、左右のブレも少なくなり、自然と方向が安定してきます。

ドライバーの練習も然りです。できるだけ遠くに飛ばすだけが練習ではないのです。

コースの状況によってはドライバーの飛距離を230ヤードくらいに抑えたいケースだってありますから、打ちたい距離を決めてスイングしましょう。

8割スイングで、ドライバーからウェッジまで距離感を安定させることを意識した練習を多く積んでおくことが大切です。

そのためにも8割スイングをマスターしておくのが絶対条件となるのです。

どんなクラブでも「距離感の安定」を第一に考える

Point

アイアンもドライバーも縦の距離感のバラツキを減らすことに主眼を置いて練習しよう。ショットの方向性も自然と安定してくる

prologue 3

「練習場でできることがコースでできない」という現象をもうなくしましょう

「練習場ではいいショットが打てているのに、コースではミスばかり出て１００以上も叩いてしまった」。

ラウンド後にそういって嘆くゴルファーを何人見てきたことでしょうか。

練習場でできてコースでできないのは、なぜだと思いますか？

それは「コースでできるスイング」が身についていないことに尽きます。

多くのゴルファーは、練習場とコースでのスイングはほとんど変わっていません。

コースに出ると心拍数が上がって、スイングのリズムやテンポが速くなりやすいくらいで、それ以外は練習場とコースの違いはほとんど見られないのです。

ある程度の経験を積んだゴルファーなら、練習場で3球のうち1球はグッドショットが打てています。

ドライバーにしてもアプローチにしてもきっちり打てているのです。でも、あとの2球は右にプッシュしたり、ダフったりしています。

それをコースに当てはめてみると、どうなるでしょうか。3球のうち1球は「ナイスショット！」と賞賛を浴びますが、残りはOBに打ち込んだり、距離をかなりロスしたりしていることになります。

「減点の少ないショット」を打ち続ける力をつけよう

練習場と同じくらいミスしているのですから、練習場とコースの違いなんて本当はないに等しいのです。

練習場では3発のうちの1発のグッドショットばかりが印象に残りますが、

この1発に満足してはダメです。

あとの2球もグッドショットとまではいかなくても、ミスの度合いをなるべく小さく抑えることが肝心です。

練習場では1～2発くらい右のネットに当たっても全然気にしないかもしれませんが、コースではその球は間違いなくOBです。

コースでできるスイングは、必ずしも最高のショットを打つことではありません。ゴルフは「ミスのゲーム」です。コースではできるだけ「減点の少ないショット」を多く打つことに専念しましょう、

完璧な100点満点のショットなんて必要ありません。練習場でも60～70点くらいのショットを続けて打てる力をつけることが、コースでできるスイングのマスターに直結します。

「練習場ではいいけど、コースではダメ」なんて口に出すのはやめましょう。「間違った練習を懲りずに続けています」と白状しているようなものですから。

第1章

少ない球数でも練習の成果がこんなに上がる！

練習はやればやった分だけ成果が上がれば最高だ。球数が少なくても上達を実感できる方法をアドバイスします

part1 1

コースプレーを想定した練習を積んでこそ効果が表われます

練習場では、バックスイングやダウンスイングの細かい動きを考えるのもいいのですが、それ以上に「どこを狙って、どんな球を打つか」をまずは明確にイメージする習慣が肝心です。

目標を明確に設定もしないで、マットの向きと同じ方向に向かって、ただ球を真っ直ぐ打つことしか考えない練習では、コースプレーに直結したスイングがなかなか身につきません。

ですから、この本ではスイングづくりや修正に特化したドリルはいっさい取り上げていません。

ドリルの一例をあげますと、両手を離してクラブを持つスプリットハンドドリルなどはインパクトで両手がスムーズに返らないためにスライスが生じる人にとって、両手を返す動きのマスターにとても効果があります。

でも、それは正しい動きを極端なくらい繰り返し練習することでスライスを修正するのが目的で、練習場でやるのはいいとして、コースでやることではないのです。

後に詳しく述べますが、最終的には「コースでできるスイング」を、練習場で構築していかなくてはならないのです。

練習場でいいショットを求めすぎない

ここで練習するときにちょっと注意しておきたいことを述べておきましょう。

それは練習場とコースで使うボールは違うため、インパクトの打感とかショットの結果にも多少の差が出てくるということです。

練習場のボールはコースボールと比べてつかまりがあまりよくないですから、ボールが上がりにくくて距離も落ちます。

インパクトで球が滑る感覚があり、「少し右に出るな」と思ってもコースで同じように打つとドローになってしまうくらいです。

中にはコースボールを使用している練習場もありますが、それでも表面にキズがついていたり、磨り減った古いボールが混じったりしているケースも案外多いものです。

練習場でいいショットが少ししか出なかったからといって、何も落ち込むことはありません。

逆にいえばナイスショットがたくさん打てても有頂天にならないことです。この場合はコースでは球がつかまりすぎてフックやヒッカケが生じやすい点に気を配る必要が出てくるためです。

練習場で打つとドライバーでちょっと右に曲がり、アイアンで中弾道の高さで飛んでいくのが、基本的にコースでのグッドショットとなると考えていいでしょう。

練習は「コースプレーの準備」と考える

Point

スイングづくりを目的とした練習ならドリルを多く取り入れるのも有効だが、スコアアップを望むならコースでできるスイングの構築を第一に考えよう

part1 2

真っ直ぐな球を打つより「どこを狙ってどんな球を打つか」を考えるのが重要

ゴルフコースでは1打ごとに状況が変化します。朝のスタートホールの第1打から最終18番ホールの最後のパットまで、同じ状況なんて一度もありません。

ところが練習場では打つ場所が変わらない限り、風景はずっとそのままです。そこが漫然とした練習の反復に陥りやすい理由です。

マットの向きの方向に構え、マットの向きに合わせてなんとなくターゲットを設定し、ボールを真っ直ぐ打とうとするだけ。ドライバーを持っても、7番アイアンを持っても、同じ作業の繰り返しだと思います。

あなたはそんな練習ばかりをしていませんか？

コースでは各ホールのティショットや、フェアウエイからのアイアンショットなどすべてのショットにおいて、どこを狙うかの目標設定や、どんな球で攻めていくかのイメージづくりが欠かせません。

ホールの状況を想定した実戦練習を多く積もう

練習場とコースはまったく違うといいますが、大きく違うのは気持ちの上でのテンションです。

練習場ではスイングのことばかり考えているのに、コースに出るとOBや池などが視界に入り、ペナルティゾーンなどの様々な条件や制約が入ってくるために、精神的なプレッシャーを背負うことになります。

結局のところ、練習場でその準備をしていないところに一番の問題点があるのです。

練習場の風景は変わらなくても右側にOBがあるホールをイメージしたり、左側に池があると想定してどんな球を打って池を回避するかを考えながら打つなど、実戦的な感覚を取り入れた練習が大切です。

実戦感覚を取り入れた練習で集中力もアップ

Point

漫然と打ち続けるだけの練習では効果が薄い。「どこを狙って、どんな球を打つか」のショットのイメージづくりを心掛けよう

コースでは目標設定と球筋のイメージが大切

Point
コースプレーではスイングのことよりも、ホールの状況を見て「どう攻めるか」のゲームプランを組み立てなくてはならない

part1 3

「コースでできるスイング」をつくることが練習の一番の目的です

「コースでできるスイング」とは、「コースで使えるスイング」、もしくは「その状況で要求されるスイング」のことをいいます。

前項で申し上げましたが、コースプレーを意識した練習を実践することが上達への道につながります。

日頃の練習ではドライバーを気持ちよく飛ばせていても、コースに出て左右がＯＢのホールにきたときに、練習場と同じスイングができますか？

何もプレッシャーがなければ体がスムーズに動くのに、プレッシャーを感じると体が硬くなってしまうようでは、コースプレーを意識した練習ができているとは到底いえませんし、コースプレーの準備にもなっていません。

練習ではドライバーを思い切り振り回してばかり

いる人も同様です。

ドラコン大会ではないのですから、コースでは力いっぱい振り回さなくてはいけない場面はありません。

コースで使えないスイングの練習を繰り返してはいけないのです。

プレッシャーに動じないスイングを目指そう

練習場ではあまりダフらないけれど、芝の上ではダフってばかりとよく口にする人も多くいますが、実は思っているほどスイングの変化はありません。

ゴルフを始めたばかりの初心者でない限り、ほとんどのゴルファーは練習場でもコースでも案外に同じスイングで振れています。

それなのに練習場のマットから芝になった途端にダフリが多発してしまうとしたら、プレッシャー以外の何物でもないのです。

プレッシャーを感じたときでも、自分のリズムやテンポでクラブをしっかりと振れるような「実戦向きのスイング」をつくることを第一に考えましょう。

練習に緊張感を持たせると
実戦感覚が養われる

UUUM GOLF
飛ばすことよりもスイング
全体のバランスを考えよう

Point
プレッシャーに強い「実戦的スイング」を構築していこう

「コースで使えるスイング」をマスターしよう

リズムやテンポが崩れない意識を持つ

Point

体をどう動かすかより、自分のリズムやテンポを守ることが大切

part1 4

「距離感」を意識した練習を積めば方向も自然と安定してきます

ゴルフは「距離感のゲーム」です。ターゲットを狙ってボールを打つのですから、方向の正確性をまず考えがちですが、それ以上に「縦の距離感」が重要です。

目標に向かって真っ直ぐ飛ばせても、距離感が合わずに手前にショートしたり、オーバーしたりではスコアがまとまりません。

しかし、方向が多少左右にブレても距離感が合えばグリーンに乗る確率がアップしますし、仮にグリーンを外しても次のアプローチがそれほど難しくはなりません。

距離感を意識しない練習では、スイングがどんどん荒れてくるケースが多く、結果的に距離感が合わず、方向性もバラバラになりやすいのです。

その点、距離感を意識して練習すればスイングが安定して、方向性も自然とよくなり、ピンに寄る回数が増えてきます。

8割スイングの距離を自分のベースにする

日頃の練習においても、ドライバーからサンドウェッジまでの各番手のそれぞれの飛距離を把握しておくことも大事ですが、ひとつのクラブで何ヤードから何ヤードまで打てるかという自分の「飛距離の幅」も明確にしておきましょう。

全力を10とすれば8割くらいまで出力を落とした状態で、同じリズムでバランスよく振れるのがフルスイングの理想です。

「8割の力感のフルショット」で打ったときの距離を自分のベースとして、6〜7割まで出力を落とした場合の距離を知る練習もしましょう。

また、10割のマックスで振ることはコースで使えるスイングとはいえませんが、自分の限界の距離を知っておくことも必要です。

ドライバーも距離を決めて打つ練習が大事

Point

ドライバーは遠くに飛ばすだけが練習ではない。スイングの出力を変えて、距離をコントロールするコツも覚えよう

アイアンは特に「縦の距離感」を重視する

Point

方向性ばかり考えると縦の距離感が合いにくい。距離感を意識した練習を積めばスイングが安定し、方向性もよくなる

part1 5

ドライバーと９番アイアンの２本でスイングづくりの練習

初心者や経験がまだ浅い人がスイングづくりを目的とした練習をする場合、７番アイアンで行うことをよく勧められることと思います。

もちろん７番アイアン１本だけで基本練習を積むのは、とてもいいことです。

でも最近のクラブは以前よりもロフト角が少ないので、今は9番アイアンで練習をするのがベターです。

理想をいえば、１本のクラブで基本スイングを構築できたら、他のどのクラブを持ったときも同じようなスイングで打てるようになりたいものです。

でも、実際は9番アイアンを5番アイアン、５番ウッドやドライバーなどに持ち替えると、まったく別のクラブに感じられて、同じスイングができなくなってしまうことでしょう。

確かにシャフトの長さが変われば、体とボールの距離、スタンス幅、ボールの位置なども変わりますから、違和感が生じて当然かもしれません。

ドライバーも9番アイアンも同じ力感で打つ

それでしたら9番アイアンとドライバーの2本を使って、アドレスの違いを学習しながら、スイングづくりの練習をしてはどうでしょうか。

どうしてドライバーと9番アイアンの2本かといいますと、フルショットに使うクラブで一番フラットに振るのがドライバーで、一番アップライトに振るのが9番アイアンだからです。

フラットは横型に近い軌道で、アップライトは縦型に近い軌道のことです。ウェッジは基本的にはフルショットはしませんから、フルショットに使う一番短いクラブは9番アイアンということになります。

最初は10球ずつとか5球ずつ打ち、仕上げとしてドライバーと9番アイアンを1球ずつ交互に打つのです。

ポイントはどちらも8割スイングで打つこと。ドライバーで思い切り力を込めたり、9番アイアンで力を緩めたりせずに、同じ力感でスイングしましょう。

9番アイアンで実戦スイングが早く身につく

9番アイアンのフルショットをドライバーと同じ感覚で振るのは、意外に難しいことがよくわかります。

ちなみに私は調子がおかしくなると9番アイアンの1本だけで練習します。それだけ9番アイアンはスイングを整えてくれる効果が高いのです。

ドライバーも9番アイアンも同じ感覚で振れるようになれば、他のクラブでも違和感なく打てるようになります。

つまりコースで使えるスイングが早く身につくということです。

ドライバーと９番アイアンを交互に打つ練習をしよう

Point
９番アイアンもドライバーと同じ力感でスイング

Point
ドライバーは力まないで、８割スイングで打とう

part1 6

コースで使うクラブの「順繰り練習」で実戦感覚を養いましょう

スイングのここを見直したい、体の動きのこの部分をチェックしたいというときなどは使うクラブは１本で十分ですし、先ほど申し上げたドライバーと９番アイアンを交互に打つ練習も効果的です。

その他にも、コースプレーを想定したシミュレーション練習もしましょう。

よく出かけるコースのホールレイアウトを思い出して、まずドライバーで打ち、ロングホールなら次は５番ウッド、ミドルホールの第２打なら７番アイアンを使い、距離感が合わなかったり方向が左右にずれたりしたら、今度は残りの距離を50ヤードとか、30ヤードなどと自分で決めてアプローチウェッジで打つという具合に、１球ごとにクラブを持ち替えるのです。

クラブはパター以外の13本のすべてを使っても構いませんが、実戦練習があまり複雑にならないように、ドライバー、5番ウッド、7番アイアン、アプローチウェッジの4本くらいに絞ることを勧めます。

コースプレーの順繰り練習も距離感を意識しよう

ときにはドライバー、3番ウッド、6番アイアン、9番アイアン、サンドウェッジの5本を使って、クラブを順次持ちかえる順繰り練習をしてみるとか、ショットの出来を見て自分で残り何ヤードとかを決めて打つなどをすると、実戦感覚が養われますし、集中力も高まります。

わずか50〜60球でも18ホールをプレーしたくらいに、密度の濃い練習ができます。

ただし、この順繰り練習はクラブごとの距離感を意識しないと無意味です。練習場のスペースの中で仮の目標を設定し、どのくらいの距離を打つかを明確にしておくことが重要です。

ティショットを想定した
ドライバー練習

UUUM GOLF
自分のショットに
点数をつけて
練習してみよう

Point

フィニッシュでもバランスよく立てるように8割スイングで打つ。
10点満点で6～7点の出来のショットを継続することが大事だ

UUUM GOLF
仮のコースを
思い浮かべて
打つ癖をつけよう

Point

よくプレーをするコースのホールを思い浮かべ、目標を絞って打つ。飛距離を出すことよりも、狙った目標に対してどれだけ正確に運べたか、安定した距離を出せたかを自己採点しよう

フェアウェイウッドの実戦練習

ボールに当てにいかずに、
体の回転主体のスイングで
ボールを打ち抜く

5番ウッドがうまく当たらない場合は、順繰り練習の後にボールを低くティアップして打つ練習でスイングの修正をはかろう

Point
ドライバーの当たりがあまりよくなかったときは、パー４ホールでも２００ヤード近く残ったとして、次に５番ウッドで打つ

セカンドショットを想定した アイアン練習

コースのようなグリーンを
イメージし、距離感を
意識して打つ

「１４０ヤード打つ」などと決めて距離感を意識して打てば、距離感だけでなく方向も安定することが実感できるはずだ

Point

何の目標もないまま、真っ直ぐ打つだけの練習では効果は表われない。自分で目標を設定し、距離感をしっかりイメージして打とう

アプローチショットを想定したウェッジ練習

振り幅をコントロールして打つ練習もコースプレーに欠かせない

Point
パー5ホールの3打目も同様で、ピンまでの残りの距離を70ヤード、50ヤード、30ヤードなどと決めて打とう

UUUM GOLF
打ちたい距離に応じて
バックスイングの
大きさが変わる

Point

ドライバーや７番アイアンのショットの出来を見て、パー４ホールの３打目はどのくらいの距離が残ったかをイメージして打つ

part1 7

スタート前も「30球限定想定練習」もしておくと効果的

普段の練習と違って、コースでのスタート前の練習となると緊張感が高まることでしょう。

スタート前の練習はやらないよりはやったほうがいいのはもちろんですが、スタート前の練習はあくまでもウォーミングアップが目的です。

自分なりにチェックしておきたいポイントがあるからといって、何かをつかもうとかスイングを修正しようなんて、練習場での1コインのわずか20～30球程度では無理です。

「今日はいい感じだ」と喜んだところでコースに出たら何の保障もありませんし、そこで全然当たらなくても落ち込むことはありません。

昔、米ツアーのトーナメントに観戦に出かけたときのことです。

私の友人が全英オープンで優勝したこともあるマーク・カルカベキアの大ファンで、スタート前の練習から見ていました。

練習場でのカルカベキアはいきなりシャンクから始まり、次はトップ、さらにダフリや大スライスなどのミスも連発させてしまう有り様でした。

友人は「こんな調子で大丈夫かな？」と心配していましたが、その日のカルカベキアは64というスコアをマークしてトップに立ったのです。

最初の30球はスタート前と同じ手順で打つ

結局カルカベキアの練習は、体を温めていただけなのです。体を温めている段階でいい球を打っても仕方がないわけです。

自分の無理のない範囲内で球を打つだけで十分。それがスタート前の本来の練習のあり方だと思いますし、練習で不安を抱えたり期待を持たせたりするのは、実はそんなに意味を持たないことなのです。

もし、あなたがスタート前の練習でどうしても「いい感じ」をつかんでおきたいというなら、普段の練習でもコースでやるスタート前の練習を想定しながら打つようにしましょう。

普段の練習では100球くらい打つでしょうから、コースでの練習は1コイン分の30球と考えて、最初の30球はスタート前の練習で使用するクラブだけを使います。

素振りを繰り返して体を温めてから、ウェッジから打ち始めて、7番アイアン、5番ウッド、ドライバーという順に長いクラブに持ち替えるパターンが多いことと思いますが、自分のスタイルで構いません。

あるいは普段の練習で、42ページで解説したようなコースプレーを想定し、ドライバー、5番ウッド、7番アイアン、アプローチウェッジを使って、30球だけで順繰り練習するのもいいと思います。

ただし調子がよくないからといってスイングをいじったり、球数を増やしたりしないことです。

スタート前の練習を想定して打つことも必要

スタート前の練習に使うクラブはドライバー、5番ウッド、7番アイアン、アプローチウェッジなど多くても4本で十分

Point

スタート前の練習の目的はあくまでもウォーミングアップだが、練習の効果を上げたいなら普段の練習においても最初の 30 球はコースと同じ手順で打つことを心掛けよう

part1 8

スタート前にしておくべき「行動のルーティーン」を見つけることが大事です

コースにおけるスタート前の練習は必須ですが、自分に合った練習の仕方を決めておくと、練習の効果が上がります。

前項で説明しましたように、コースプレーを想定した順繰り練習を必ず行うとか、9番アイアンとドライバーの2本だけを使うという具合に決めておくことです。

スタートに向けての「行動のルーティーン」が重要で、自分で何をすべきかを明確にしておくことで気持ちを落ち着かせることができるのです。

ルーティーンというと、ボールの後方から目標を見て飛球線をイメージし、フェースをセットして、スタンスの位置を決めてアドレスを完成させる手順を思い浮かべるかもしれませんが、スタート前の所作のすべてがルーティーンと考えてください。

スタート時間の1時間半前にコース入りし、ゴルフウェアに着替えて朝食を済ませ、スタートの45分前にはクラブハウスを出て練習場に向かい、自分で決めた手順で球を打ち、練習グリーンでパットの練習をして、スタートの5～10分前にはティグラウンドに着いておくようにする。こうした自分なりのルーティーンを決めて、それをしっかりと実行しましょう。

ゴルフの上手い人はスタート前の所作が整っている

多くのゴルファーは久し振りのラウンド前日は興奮して、あまり寝つけないことが多いでしょう。

プレー当日もテンションが上がって、気持ちもソワソワして、スタート前のルーティーンがまるでバラバラになっています。

スタート前の練習も含めて、やっていることが物凄くボンヤリしているから、準備万端といかないままでスタートして、最初からつまずいてしまうのです。

プロたちはスタート前のルーティーンをきっちり決めていますし、アマチュアの方々もレベルが上がっていくにつれて、ルーティーンが段々整ってきます。

サラリーマンの方々も出勤前のルーティーンがほぼ決まっているはずです。寝坊すると慌ててしまうのは当然ですが、普段と違う道で駅まで歩いたり、いつも乗っている電車に乗り遅れたりすると、何となく調子が狂ってしまうことがあるでしょう。

スタート前のルーティーンもそれとまったく同じです。

ちなみに私は朝食などを済ませてクラブハウスを出たら、最初に練習グリーンに向かい、10～15メートルくらいの長い距離を2球だけ無造作に打ちます。ボールの転がりを見て、「今日のグリーンは速いな」とか「今日は重そうだな」などと判断してから練習場に向かい、それからもう一度練習グリーンに戻ってパットの練習を入念にやるようにしています。

なぜ、最初に練習グリーンに向かうかというと、グリーンの速さによってアプローチの練習のテーマが変わってくるからです。

スタート前のルーティーンを決めておこう

Point

クラブハウスを出たら、最初に練習グリーンに向かってグリーンの速さの感じをつかんでおくのが私のルーティーン

グリーンが速ければピッチエンドラン中心、重いグリーンはキャリーでピンを攻めるアプローチが主体となる

スタート前に自分がしておくべきことや手順を明確に決めておくと、気持ちの上でも落ち着ける

part1 9

スコアをよくしたいなら スタート前の パット練習は必須です

コースにおけるスタート前のルーティーンに必ず加えて頂きたいもののひとつに、「パットの練習」があります。

グリーンの速さを確認しないままでスタートすると、最初から距離感が合わず、3パットや4パットしてしまうことになります。

パットの練習をしておく必要性を頭で理解していても、たったの2～3分しかやらなかったり、明確な目的がないまま転がすだけの練習に終始したりでは準備不足です。

午前中のラウンドがうまくいかなかったときなども、午後のスタート前に少しパットの練習をしておくなど準備を整えて、後半のラウンドの立て直しをはかりましょう。

スタート前にしておきたいパットの練習は、10メートルか、それ以上の長い距離と1メートルくらいの短い距離です。

ロングパットとショートパットを重点練習する

ボールを2～3個用意し、練習グリーンに上がったら、最初にカップを狙わなくても結構ですので、10～15メートルくらいの距離を無造作にポーンポーンと打ちましょう。これだけでも「今日のグリーンは速いな」とか「重いな」と大体の感じがつかめます。

次にカップまで10メートルくらいの距離から上りと下りのパットを打ち、カップの近くに止める練習をします。

そして仕上げには、カップ周りの1メートル四方から4つのライン（上り、下り、フック、スライス）を入れる練習をしておきましょう。

ロングパットを確実に寄せて、ショートパットをしっかり入れる感触をつかんでおくとパットミスが減り、スコアアップが望めます。

最初に目標を特に決めないで2～3球を無造作に打ち、グリーンの速さの大体の感触をつかもう

Point

パットの練習は10メートルくらいの長い距離から始めるといい。
ミスパットを減らすにはロングパットがカギ

ロングパットをカップの近くで止める練習

上りと下りの
ロングパットを
寄せる練習で
距離感をつかむ

Point

プレーする日の気象状況や芝の刈り具合によって、ボールの転がるスピードが違ってくる。スタート前に実際に打ってみてグリーンの速さをテストしておくことが肝心だ

ショートパットを確実に入れる練習

危険防止のため
練習グリーンまわりでの
アプローチショット禁止
カップ周りの四方から
1メートルの4つのラインを
入れる練習をしよう
下り
フック

Point

ショートパットの練習はカップ周りの1メートル四方からカップインさせる練習をしておくのが理想だが、時間があまりないときは上りと下りの練習に絞るといい

コースによってバンカーの砂質も違う。コースにバンカー練習場があれば、砂の硬さや打感などをテストし、情報を把握しておくとスコアメイクに役立つ

Point

スタート前のパットの練習は、少なくとも15分くらいはかけて準備万端整えよう

part1 10

実はこんなに楽しい！コンパクトスイングの練習もしましょう

たまに街の練習場に足を運ぶと、周囲の人たちはドライバーもアイアンもフルショットしかしないことにいつも驚かされます。

アプローチショットの練習をすることはあっても、大体は全力でクラブを振り回しています。

全力を10とすれば、ドライバーもアイアンも10のマックスの力で遠くに飛ばそうとばかりしているのです。

結果としてフィニッシュでバランスよく立てる回数が少なくて、ミート率がなかなか上がらず、距離感も方向も安定しにくくなります。

普段からこうした練習に明け暮れていては、「コースで使えるスイング」が身につきません。

私たちプロやシングルゴルファーの考えるフルシ

ョットとは、どんなときも一定のリズムと力感でスムーズに振り切れるような「８割スイング」です。

８割スイングのフルショットの練習を積んでいるのであればＯＫですが、コースプレーではこのフルショットで球を打つ回数は案外少ないものです。

コースでは振り幅を抑えることが多い

ティショットにおいては基本的にフルショットするとはいえ、方向性をより安定させたいために距離を少し落としたいときや、飛びすぎてバンカーや池などの障害物に入れてしまうことがないように、フルショットよりも振り幅を小さく抑えるケースがよくあります。

また、フェアウェイのショットも平坦な場所だけとは限りません。ちょっとした傾斜地になっていることが少なくないですから、やはりフルショットを避けたい場面が多いのです。

そんなときに役立つのがコンパクトスイングです。

コンパクトスイングとはフルショットよりも振り幅を小さめに抑えた「スリークォーターショット」と「ハーフショット」のことで、フルショットのトップの両手の高さを頭のてっぺんとすれば、スリークォーターショットは右耳の高さ、ハーフショットは右肩の高さが目安になります。

振り幅を抑えるだけでショットの正確性が大幅アップ

コンパクトスイングはアイアンショットで頻繁に用いますし、コースで使える実戦スイングをマスターするためにも、6〜8番アイアンを使って練習しておきましょう。

コンパクトスイングの実際のトップはイメージよりも少し高くなりますが、振り幅を抑えるイメージを持つことでミート率がアップし、距離感も方向性も安定しやすくなります。

スイングをちょっとだけ小さくするだけで、こんなに真っ直ぐ飛んでいくことがわかれば、きっとゴルフの練習が楽しくなるでしょう。

コンパクトスイングの練習をしよう

フルショット

両手の高さは
頭のてっぺん

スリークォーターショット

両手の高さは
右耳

ハーフショット

両手の高さは
右肩

Point

フルショットよりもトップとフィニッシュの高さを少し低くする。スリークォーターショットのトップは右耳の高さ、ハーフショットのトップは右肩の高さが目安となる

スリークォーターショットのポイント

UUUM GOLF
フィニッシュも
トップ同様、
低めの位置で止める

Point
振り幅を小さめにするだけで正確性が劇的にアップする。トップを少し抑えるだけで距離感も方向性も安定

アドレスは
フルショットと同じ。
トップを少しだけ
低く抑える

Point

7番アイアンのフルショットのキャリーを150ヤードとすれば、
スリークォーターショットのキャリーは145ヤードが目安

ハーフショットのポイント

UUUM GOLF
フィニッシュの高さも
スリークォーター
ショットよりも
やや低くなる

Point

トップとフィニッシュの高さが少し低くなるだけで、体の回転量まで減らすのはＮＧ。フルショットと同じ体の回転量でスイング

UUUM GOLF
UUUM GOLF
フルショットよりも
スタンスを少しだけ狭くし、
トップを右肩の高さで
止めるイメージ

Point

7番アイアンのフルショットのキャリーが150ヤードなら、ハーフショットのキャリーは140ヤードが目安となる。ただし、体の回転量はフルショットとほぼ同じだ

ハーフショットは傾斜地で特に効果を発揮する

ハーフショットとはフルショットの半分の大きさで振るもので、キャリーも半分になると思い込んでいる人が意外に多くいますが、それは違います。

ハーフショットとは別に「ハーフスイング」という言葉もあって、これは初心者向けのレッスンとして時計盤の8時の高さから4時までの振り幅とか、9時の高さから3時までの振り幅でスイングすることを指します。

ところで100がなかなか切れないゴルファーたちのプレー運びを見ていますと、どんな場面でもフルショットしようとします。

傾斜地からでも、ディボット跡などボールのライがよくない場所からでも10割の全力スイングでボールを打ちにいこうとするのです。

ちょっとした傾斜地でも平地に比べると、スイング中に体のバランスを保つのが難しくなってしまいます。

コースプレーに全力スイングなんていらない

立つだけですぐにわかるような傾斜地でフルショットしては、足腰の安定感が保てず、ダフリやトップはもちろん、空振りになるケースもよくあります。傾斜地でもライが悪い場所でもフルショットしてしまうのは、練習場でフルショットの練習しかしていないからに他ならないのです。

スリークォーターショットやハーフショットは、傾斜地やライが悪い場所などにもフル活用できるスイングです。

体の回転量はフルショットとほぼ同じでも、出力を7割くらいにセーブしてトップとフィニッシュを低めに抑えることで、下半身の安定感をしっかりキープでき、傾斜地からでも驚くほどうまく打てるようになります。

傾斜地はコンパクトスイングが基本

トップの高さは
ハーフショットの
イメージ
フィニッシュも
ハーフショットの
高さ

Point

左足下がりの斜面のように、特に体のバランスを保ちにくい状況ではハーフショットを心掛けよう

振り幅を抑えたスイングは効果を発揮

左足上がりも
トップは
コンパクト

NO

急な傾斜地でフルショットしてはバランスを崩して、様々なミスショットを引き起こしやすい

Point

どんな傾斜地でも 10 割のスイングは絶対に避けること。体のバランスを最後まで保てる範囲内のスイングを心掛けよう

part1 12

ハーフショットでグリーンを狙う練習もしましょう

クラブをフィニッシュまで気持ちよく振り切るフルショットの練習じゃないと面白くない！

多くのアベレージゴルファーは、そう口を揃えます。「コンパクトスイングの練習もしましょう」と私がこれまで何度も申し上げても、残念なことに5～10球打つだけですぐにフルショットに戻ってしまいます。

フルショット、スリークォーターショット、ハーフショットの3段階が打ち分けられるようになると、ゴルフのレベルがかなり向上します。

コンパクトスイングの練習を積めば、フルショットやアプローチショットのスイングも整います。いってみれば、コンパクトスイングを身につけるだけでシングル入りに大きく前進できるのです。

ミスが半分に減ることがわかれば、ゴルフ観が大きく変わる

コンパクトスイングの場合、フルショットと比べて出球が少し低くなります。練習場の仮設グリーンを狙って、低めの球でグリーンの手前から攻めるイメージで打つ練習を積むと有効です。

仮設グリーンがなければ、自分で直径20ヤード大のグリーンを想定し、大きな円の手前から乗せていくつもりで打ちましょう。

クラブを一番手上げて打つ必要性も出てきますが、スリークォーターショットやハーフショットでグリーンやピンを狙う練習を通じて、「ボールが曲がりにくい」「ミスが半分に減る」「狙ったところに打ちやすい」などの発見が得られたら、あなたのゴルフ観が大きく変わることでしょう。

練習の内容や取り組み方も１００パーセント変わり、練習の無駄もなくなってくるはずです。

実戦感覚を取り入れて コンパクトスイングを練習

Point

コンパクトスイングは、風が強い日や、ディボット跡などライがよくないケースでも使える。グリーンを想定して打つと実戦的な練習ができる

コンパクトスイングの練習をすれば風も悪いライも怖くない

100
30
出球がやや低い球をイメージして打とう

Point

スリークォーターショットやハーフショットは、フルショットよりもやや低弾道となりやすい。手打ちにならないように注意し、体をしっかり回転させて打とう

part1 13

アプローチ練習をするならボールの落とし場所をしっかりイメージ

スコアアップのためにはアプローチショットのレベルアップが必須ですが、街の練習場やコースの練習場ではアプローチの練習内容が限られます。

コースのグリーンとは造りがまったく異なるため、転がしが主体のランニングアプローチの練習がなかなかできないのが実情です。

必然的に30ヤードや50ヤードなどの表示板を狙って打つ「キャリー重視」のアプローチ練習が中心となります。

距離感がぴったり合って自分の狙った地点に正確に運べるようになると、アプローチがうまくなったような気がして自信も湧いてくることでしょう。

でも、そこに落とし穴があることに注意しないといけません。

練習場とコースの距離感のギャップを埋めよう

コースでピンまで30ヤードとか50ヤードのアプローチショットを打つときに、練習場と同じ感覚で打つと、大抵はオーバーしてしまいます。

よほどスピンがうまくかかって落ちたところで止まればいいのですが、グリーンに乗ってからボールが転がり、ピンの先10～15ヤード付近まで行ってしまうことがよくあるでしょう。

オーバーするのを警戒すると、今度はインパクトが緩み出してザックリやトップが生じることになります。

こうなってはオーバーしたりショートしたりのミスを繰り返して、スコアがなかなかまとまらず、大叩きに一直線です。

ハザード越えなど実戦的練習も大切

50Y
バンカー
ハザードなどを想定して
打つ練習も大切

Point

仮設グリーンの手前にバンカーなどがあるとイメージし、バンカー越えのアプローチがうまく打てるかをテストしてみると、実戦感覚が高まって効果が上がる

看板を狙うだけでなく、落とし場所も決める

Point
看板をコースのピンと想定するなら、5～10ヤード手前に落とすことを考えよう

どうして、そんな現象が起こるかというと、練習場では「ボールの落とし場所」を決めて打つことをまったく考えないからです。

30ヤードや50ヤードの看板をコースのピンにたとえるなら、その手前のどの辺に落とすかをイメージしなくてはなりません。

自分にプレッシャーを課す練習も大切

ボールがグリーンに乗ってからのランが5～10ヤードくらい出ると想定して、30ヤードの看板の10ヤード先にピンがあるとイメージするのもいいでしょう。あるいは50ヤードの看板の10～15ヤード手前に池やバンカーがあると考えて、ハザード越えのアプローチの練習をするつもりで打ち、5球続けてうまく打てるかどうかなどをセルフチェックしてみるのも効果的です。

ただ看板を狙って正確に打つだけでは足りません。コースのグリーンを想定し、自分にプレッシャーを課して練習すれば、アプローチが必ず上達します。

第2章

練習で「自分のセンター」を把握しておこう

「自分のセンター」は体の中心のこと。練習でも体の中心を意識できているかどうかで成果が大きく変わる

part2 1

練習場とコースで一番違ってくるのは「ボールの位置」です

この章では、「自分のセンター」を意識して練習することがどうして大切なのか、そして自分のセンターを把握することでどんな効果が生まれるのかを、詳しく話したいと思います。

ところで練習場ではいいショットが打てるのに、コースではそれができないのは「コースで使えるスイング」が身についていないためであることは前述しましたが、もうひとつ理由があります。それは、コースに出るとボールの位置がずれやすいという点です。

コースは練習場と違って傾斜地が多いですし、平らな場所でもOBや池などの障害物が視界に入ったり、ホールレイアウトに幻惑されたりして、ショットごとのボールの位置が安定せず、スイングを狂わせてしまいやすいのです。

練習でもボールの位置に細心の注意を払おう

練習場で打つときは同じクラブで打ち続けていればボールをどこに置けばミートしやすいかがつかめますが、他のクラブに持ち替えた途端、急に当たらなくなってしまうのはボールを適正の位置にセットしていないことが考えられます。

ボールの位置はとても大事です。ボールの位置が半個ずれただけでもアドレスの姿勢やスイング軌道に大きく影響しますから、プロやシングルゴルファーたちはボールの位置に細心の注意を払っています。

一般のアベレージゴルファーたちの練習を見ていますと、ボールの位置に無頓着すぎます。

というよりも、「自分のセンター」をちゃんと把握できていないから、ボールの位置に狂いが生じやすいのです。

part2 2

「センター」がわからないとボールの位置を間違えてしまいます

車を運転するときの姿勢は、その人の癖で左右のどちらかに体は傾いています。

直立したときも左右のどちらかに傾くもので、大体の人は体に歪みが見られるものです。

そうなると自分ではボールを真ん中に置いたつもりでも、スタンスの角度や体の向きなどで、右や左にずれて見えることが起こりやすくなります。

直立の姿勢になり、上体を軽く前傾させて自分の眉間の真下からクラブを吊り下げてみましょう。

スクエアスタンスに構えられていればクラブヘッドが真ん中を指しますが、上体が歪んでいたり、スタンスや体の向きがずれていたりすると、真ん中に置いたはずのボールが真ん中に見えにくくなります。

「自分が感じる真ん中」を知る練習が大切

そうすると、視覚的に自分で打ちやすく感じられる位置にボールを置こうとします。

ボール位置の偏りは、スイングの偏りを引き起こします。ボールを右に置きすぎると大抵はダウンスイングで上体が右に傾いて、下からすくい打つような動きとなります。

ボールを左に置きすぎた場合は、クラブヘッドをボールに届かせようとしてダウンスイングで上体が左に流れて突っ込み打ちになりがちです。

ボールの位置を間違えないようにするには、「自分が感じる真ん中」を見極めることが大事です。

自分のセンターを知らないことには右も左もないわけで、ボールの位置がわからなくなり、迷ってしまうケースが多いのはそこに原因があるのです。

練習を通じて自分のセンターを知ることが大切

Point

眉間の真下からクラブを下げてみよう

体の歪みの
少ない人は、
クラブヘッドが
スタンスの
ほぼ中央を指す

Point

スクエアスタンスで立ち、肩と腰を飛球線と平行にセットしたときの「自分のセンター」を知ろう

Point

ボールの位置に偏りがないかをチェックしよう

NO

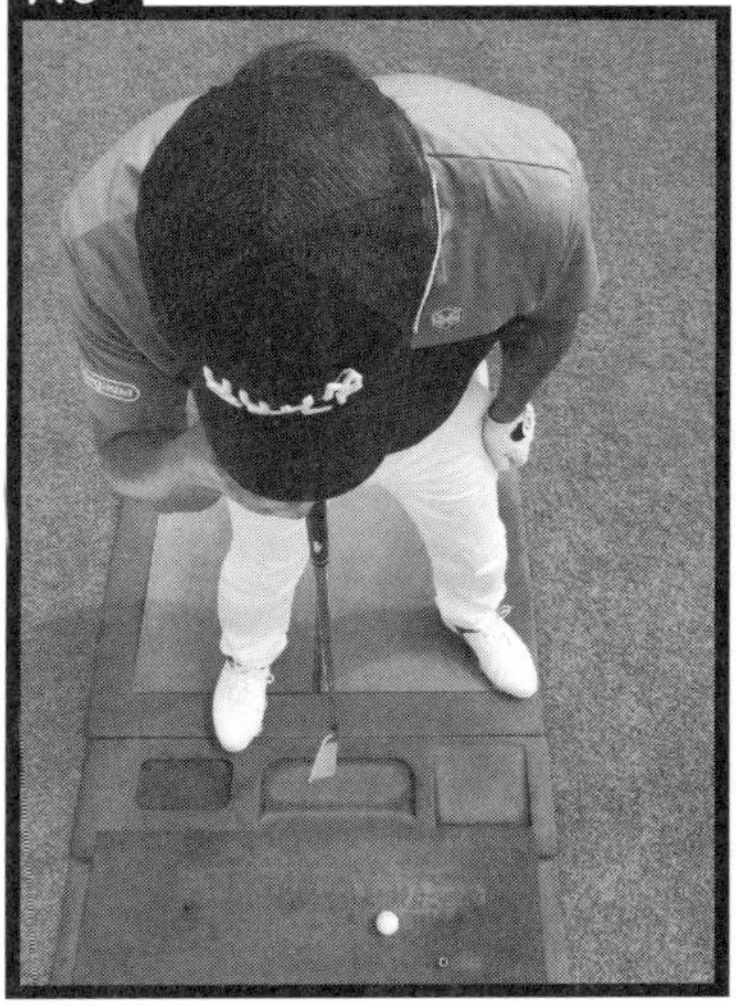

NO

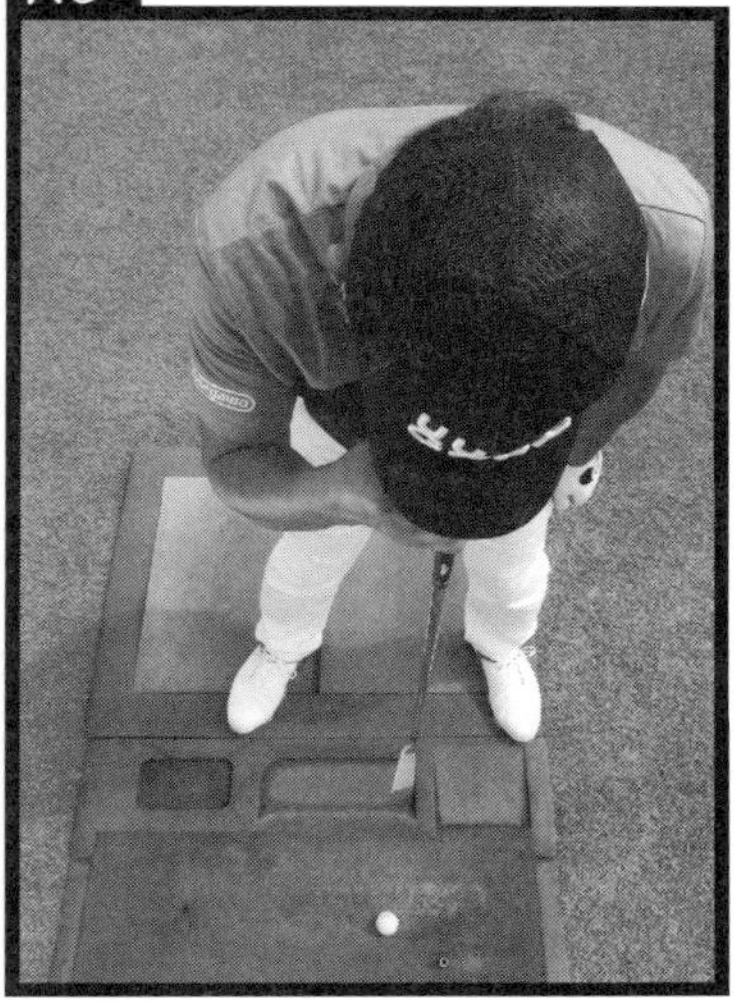

体の向きを間違えると、真ん中に置いたはずのボールが真ん中に見えにくくなる

NO

ボールを左に置きすぎたときは突っ込み打ちになりやすい

NO

ボールの位置が右に偏りすぎると、すくい打ちになりやすい

part2 3

自分のセンターがすぐにつかめる方法を教えます

「自分のセンター」を知るには、自分のアドレスの姿勢を鏡に映してみて体が歪んでいないか、真ん中が自分で感じているポジションとマッチしているか、などをチェックする方法もいいでしょう。

でも一番わかりやすいのは、プロたちが練習でよく使っているアライメントポールを十字に置く方法です。

両足のツマ先の前に1本のアライメントポールを飛球線と平行になるように置き、もう1本をスタンスの中央に飛球線と直角に交わるように置きます。

クラブで代用しても構いませんが、アライメントのように細い棒のほうが正確に確認しやすいといえます。

決して高価なものではありませんから、2本は手に入れて練習に役立てることをお勧めします。

アイアンはクラブヘッドがセンターとなる

2本のアライメントポールを十字に置くと、自分の感じる真ん中がどこになるかを正しく認識できます。

大切なポイントは、自分のセンターをスイング軌道の最下点とリンクさせることです。

軌道がインサイドアウトになると最下点がセンターよりも少し右側にずれますし、アウトサイドインの軌道なら最下点はセンターよりも少し左側となりますから、それもチェックしたいポイントです。

アイアンショットではボールを真ん中に置くと考えがちですが、ボールをスイング軌道の最下点でとらえるには、クラブヘッドがセンターとなるのが正解で、7番アイアンより大きい番手のショットではボールの位置がセンターよりもやや左となるのが基本です。

ポールを使って「自分のセンター」を正確につかもう

UUUM GOLF
アライメントポールを
2本用意し、十字に置く
アライメントポール

Point

両足の前とスタンスの中央にアライメントポールを直角に交わるように置こう

クラブヘッドは
スイング軌道の最下点

△

ボールを真ん中に置くのも間違いではないが、ハンドファーストすぎる構えになりやすい点に注意

YUUN
GOLF

スイングは振り子運動。スイング軌道の最下点を自分のセンターと重ねることを考えよう

クラブヘッドが
真ん中となる
のが基本

Point

アイアンショットではスイング軌道の最下点でボールをとらえやすい位置にクラブヘッドをセットする

part2 4

十字でボールの前後左右のポジションをチェックしよう

２本のアライメントを十字に置いて、ボールの位置が左右に偏っていないかをチェックできたら、前後に偏っていないかも確認しましょう。

前後とはボールの近くに立ちすぎたり、ボールから離れすぎたりしていないかなど体とボールの距離の確認作業です。

一般的に両ヒザを深く曲げすぎてカカト体重になりやすい人は、ボールの近くに立ちすぎる傾向が多く見られます。

両ヒザが突っ張ったり、前傾角度が深すぎたりするとボールから離れすぎたアドレスになりやすいのです。

ボールと体の距離を適切に保つには、自分の感覚で覚えるしかないのですが、次にあげるポイントを参考にしてください。

1・両足を肩幅くらいに広げて直立の姿勢になる
2・最初に両ヒザを少し曲げてから、軽く会釈するように腰の付け根から上体を軽く折り曲げて前傾姿勢をつくる
3・お尻を少し上に持ち上げる感じを出し、両腕を脱力させて自然に下げた位置で両手をグリップする

土踏まずの前側に重心の圧を感じて前傾姿勢をつくる

こうした手順でアドレスをつくったら、両足の土踏まずの前側に重心の圧力を感じるようにしましょう。

下半身の安定感を出しながらも、体を前後左右にどの方向にも瞬時に動かせるように重心のバランスを整えておくのです。

カカト体重のアドレスはスイング中に上体が起きやすく、ツマ先体重のアドレスはインパクトで上体が前に突っ込みやすいので重心の置き所を間違えないようにしましょう。

ボールの位置は「前後」にも気を配ろう

両腕を自然に
下げた位置で
両手をグリップ
両ヒザを
軽く曲げて
お尻を少し
持ち上げる
NO

ボールの近くに立ちすぎたり（上）、遠く離れすぎたり（下）しないこと

Point
バランスのいい姿勢で構えれば、ボールと体の間隔を適切に保ちやすい

NO

ヒザを曲げすぎるとカカト
体重になりやすい

NO

ヒザが突っ張った場合も
重心位置を間違えやすい

土踏まずの前側に
重心の圧を感じること

Point
重心のバランスをとる習慣をつけよう

part2 5

体の向きや姿勢に気を配り、いつも同じ「アドレスをつくる」練習も大事

練習場はスイングを構築する場でもありますが、同時に自分のセンターを意識しながら正しいアドレスをつくる訓練の場でもあります。

ミスショットの原因の約8割はアドレスの間違いにあるといわれるほどですから、スイングの練習以上にアドレスをつくる練習が大事です。

ところが大半のアベレージゴルファーはスイングのことばかりに意識がいって、アドレスはほとんど考えていません。

ミスショットが出だしたときは、体の向きや姿勢に歪みが生じているところに問題点があるのがほとんどなのに、スイングを疑って体の動きをあれこれと修正しようとします。

こうした無駄な練習の繰り返しが、コースで使え

るスイングがなかなか身につかない要因でもあるのです。

練習にもルーティーンを取り入れる

コースプレーではワンショットごとに、ボールの後方に立って目標を定め、飛球線をイメージしてからアドレスをつくるでしょう。

コースでそうしたルーティーンを実行しているのなら、練習場でも実行すべきです。

スイングづくりをメインテーマにした練習であれば、5～10球ごとにルーティーンを1回取り入れるだけで十分ですが、コースプレーを想定して1球ごとにクラブを持ち替える順繰り練習をする場合は、ワンショットごとにルーティーンを取り入れるようにしましょう。

構えたときの体の向きや、前傾姿勢のバランスなどに十分に気を配り、どんなときも同じ姿勢で構えられるようになる練習を多く積んでいる人ほど、コースでも実力を発揮できるのです。

スイングよりアドレスをつくる練習が重要だ

3 アドレスをつくるときはフェースを先にセット

4 スタンスの位置を決めてアドレスが完成

Point

練習場とコースでやることをなるべくリンクさせるのが、練習の効率を上げるコツ。コースプレーを想定し、アドレスを丁寧につくる練習もとても大事

1 ボールの後方から飛球線をイメージ

2 両手のグリップを先につくっておこう

Point

ボールの後方から目標を見るときにグリップを先につくっておけば、アドレスをつくる手順がスムーズになる

part2 6

ボールの位置は自分のセンターを基準に考えましょう

世に出回っているゴルフレッスン書はボールの位置について、「ドライバーは左カカト内側の延長線上。シャフトが短いクラブになるほど右寄りに置く」と解説されています。

多くのレッスン書でもそう書かれているのですから、ほとんどのゴルファーは左足カカト内側の延長線上を基準にしてボールの位置を考えようとします。

実はそこに自分のセンターを見失ってしまう原因が潜んでいます。

ドライバーショットでボールを左カカト内側の延長線上にセットするといっても、スタンスの幅はゴルファー個々で違いますから、左足を基準に考えるとボールの位置がわからなくなってしまいます。

それに短いクラブほどボールを右に置くといって

も、どのくらい右に置くかの説明が実に曖昧です。

各番手のボールの位置を決めるときは自分のセンターを基準に考えましょう。

ドライバーはボールをセンターよりも左に置くと考える

ウェッジのようにシャフトがもっとも短いクラブはボールの位置はセンターが基本です。

また今どきのアイアンはボールが上がりやすく、以前ほどダウンブローに打ち込む必要はほとんどありません。

そのため7番アイアン前後のクラブはスイング軌道の最下点でとらえやすくするために、ボールはセンターよりもやや左に置くのがベストと考えられています。

そしてフェアウェイウッドやドライバーとシャフトの長いクラブほど、ボールを左寄りにセットします。

私の場合、ドライバーの目安は左ワキの前です。ぜひ参考にしてください。

センターが基準なら ボールの位置を決めやすい

自分のセンターから
ボールの位置を考える
インパクトの
正確性もアップする

Point

自分のセンターを理解し、センターを基準にすればボールの位置の誤差がなくなり、グッドショットの確率が高まる

長いクラブほどボールは
センターよりも左

Point

ウェッジのボールの位置はセンター。ドライバーはセンターよりも左で、左ワキの前が目安となる。7番アイアンは右ページのようにボールをセンターよりもやや左に置く

part2 7

ボールの位置が同じでも重心位置が変われば入射角が変化します

自分のセンターを把握し、クラブごとのボールの位置がわかってくれば、ボールをどこまでなら左や右にずらしても打てるかとか、これ以上ボールの位置がずれるともう打てないなどの目安がつかめます。

自分のセンターを無視して、ただ漠然とボールを打ちやすいと感じるポジションにボールをセットしてしまうことがなくなるわけです。

そして、もうひとつ理解して頂きたいのは、自分のセンターは体の重心の中心と重なるということです。

重心の中心の前にクラブヘッドをセットすれば、スイング軌道の最下点でボールをとらえやすく、ショットの正確性をアップさせる上で効率がいいのです。

重心が中心ということは、アドレスの体重配分が左右均等となります。

もし上体を左に移動すれば、重心が左に移動します。スイング軌道が左側にずれることになり、ボールの位置がそのままならダウンブローの軌道でとらえられます。

逆に上体を右に移動させると重心が右側にずれて、スイング軌道の最下点がボールよりも手前となり、アッパーブローの軌道でとらえやすくなります。

重心をセンターからずらして打つ練習もしてみよう

体の重心位置のズレがミスショットの原因となることもあれば、傾斜地からのショットなど、あえて重心の位置を調整して打つのが奏効するケースも案外多いのです。

自分のセンターを理解し、重心をセンターから左側や右側に外して構え、実際に打ってみるとどうなるかをテストする練習も大いに価値があります。

左重心なら軌道はダウンブロー

左重心
ダウンブローに
とらえやすくなる
重心を左にずらして
左足荷重を強める

Point
重心位置の変化によって、クラブヘッドの入射角も変化するというメカニズム面も理解しておこう

右重心の軌道はアッパーブロー

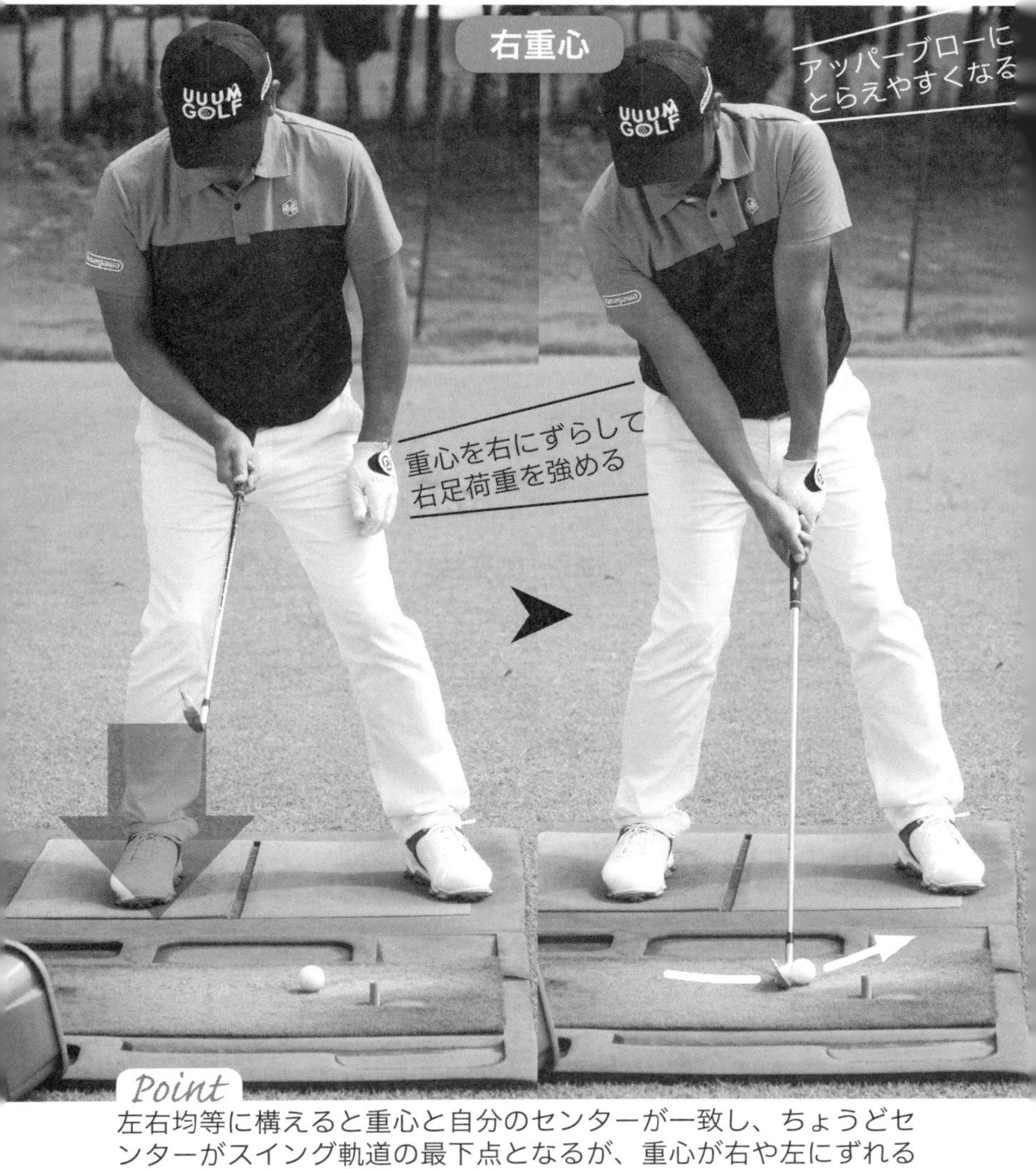

右重心
アッパーブローにとらえやすくなる
重心を右にずらして右足荷重を強める

Point
左右均等に構えると重心と自分のセンターが一致し、ちょうどセンターがスイング軌道の最下点となるが、重心が右や左にずれるとスイング軌道の最下点の位置が変わる

part2 8

重心位置を変えて構えれば斜面ショットの想定練習が楽しくできます

平坦な場所からのショットもそうですが、特に傾斜地からのショットでは、自分のセンターや重心位置に対してボールの位置がどうなっているかの見極めが大切なポイントです。

たとえば左足下がりのショットでは、できるだけ斜面と平行に立って構えるのが基本です。

体重は低いほうの左足に多く乗りますから、重心の位置が当然センターよりも左側に移動します。

ボールの位置はセンターの近くか、それよりも左側にセットするのが絶対条件となります。

重心がセンターよりも右側となったり、ボールを右に置きすぎたりするとボールを正確にとらえるのが難しくなってしまいます。

左足下がりを想定した練習ではボールをセンターの近くにセットし、重心を左にずらして構え、ダウンブローに打ちましょう。

重心の位置にマッチしたボールポジションをつかむ

左足上がりのショットも同様で、この場合も斜面と平行に立ち、低いほうの右足に体重を多く乗せて構えます。

重心の位置をセンターの右側にキープしておくのがポイントですから、ボールの位置はセンターか、それよりもやや右です。

重心の位置がセンターよりも左側となったり、ボールを左に置きすぎたりしないように注意しましょう。

打つ前の素振りで重心をセンターのどちら側にキープしたら、クラブをバランスよく振りやすいか、ボールをどこに置けばミートしやすいかの感覚をつかんでおくことも大事です。

左重心をキープする
左足下がりの想定練習

UUUM GOLF
重心をセンターよりも
左にずらして構える
左足下がりの感覚で
ボールを上から
ヒットできる

Point
傾斜地からのショットは重心の位置が決め手

重心をうまくコントロールすれば ミスが防げる

NO

左足下がりで重心がセンターよりも右にずれると大ダフリを招く

上体を垂直に構えても
重心はセンターの左

YES

実際の傾斜地でも重心の位置を調整してアドレスをつくるのがポイント

Point

傾斜地からのショットでは斜面となるべく平行に立つように構えるのが基本だが、傾斜がきつい場合は上体を垂直にセットしてバランスを整える。どちらにしても左足下がりは重心がセンターよりも左、左足上がりではセンターより右となる

右重心をキープする
左足上がりの想定練習

重心を右にキープできてもボールの位置が左すぎるのはNGだ

ボールをセンターの近くに置き、右重心でスイングするのがコツ

実際の左足上がりの斜面でも重心を右にキープして打とう

第3章

「極端なこと」をやってみる練習でゴルフの楽しさ倍増

「極端なこと」はセオリーに反するようだが、実は正解を教えてくれる練習になることも多い。早速試してみよう

part3 1

コースを想定して「上下左右に打ち分ける」練習が本当のドリルです

ゴルフのレッスンにはいろいろなセオリーがあって、「こうしないといけない」という縛りにとらわれてしまいがちです。

実はそれも一辺倒な練習にしかならず、早く飽きてしまう原因をつくっているのではないでしょうか。

練習は「どんなことをやって、どんな気づきが得られたか」が肝心です。

球数を多く打てば上手くなれたような感覚に陥りがちですが、練習を通じてどんな収穫が得られたかがよくわからないままでは進歩の兆しはなかなか表われません。

練習では球を真っ直ぐ打つことばかりに専念しないで、「極端なこと」を試す練習もしてみてください。

ボールを極端なくらい右や左に置いて打つとか、

極端なほどクラブを右や左に振ってみるとか、セオリーでは間違っているといわれていることをあえてやってみましょう。

左右に曲げるコツや高低のコントロールの仕方を覚えよう

いけないいと教えられていることが、案外自分にとっては好感触だったり、上達のキッカケとして役立ったりするケースが多いものです。

「コースで使えるスイング」をマスターするためには、ボールを左右に曲げたり、高低をコントロールする練習も実に効果的です。

この章では「上下左右に打ち分ける」練習を通じて、実戦的なスイングを身につけるためのポイントを紹介します。

スイングづくりに役立つドリルがよくレッスン書に取り上げられますが、そのほとんどがコースで使えるスイングづくりには直結していません。

上下左右の打ち分け練習が本当のドリルなのです。

クラブを極端なくらい右や左に振ってみる練習をしましょう

最初に紹介したい「極端なこと」は、クラブを自分でも極端に感じるくらいにクラブを右や左に振る練習です。

右に振るときは目標に対してクローズスタンスに構えます。ポイントはフェース面を目標方向に向けておき、肩のラインも飛球線に対してスクエアにセットすることです。

スタンスだけをクローズにし、あとはスタンスの向きに沿ってクラブを右に振っていくのです。

通常のレッスン的に説明すれば、極端にインサイドアウトに振るわけです。

クラブを左に振る練習はスタンスだけをオープンにセットし、フェース面は目標に向けて、肩のラインをボールと目標を結ぶターゲットラインに対して平行にセットします。そしてスタンスの向きに沿って、極端なくらいにアウトサイドインに振りましょう。

この練習のポイントは肩や腰、フェース面はスクエアにセットしておいて、スタンスの向きだけを極端に右や左に向けておく点です。

球を「つかまえる感じ」や「逃がす感じ」を体感しよう

クラブを右に振った場合はボールがしっかりつかまる感じが体感できますし、左に振ればボールを少し逃がし気味に打つ感じがつかめます。

クラブを極端なくらい右や左に振っても、肩のラインをスクエアにセットして構えるので、スイングの軌道や方向性がそれほど乱れるわけではなく、クラブをコントロールする感覚に磨きをかけることができます。

肩や腰もスタンスと同じ方向に向けてしまうと、自分が思った以上に右や左に飛び出し、方向性や球筋が安定しにくくなります。

これではコースで使えるスイングとは到底いえません。

クラブを極端に右や左に振る練習

右に振る場合は
クローズスタンス
左に振るときは
オープンスタンス

Point

スタンスはクラブを振りたい方向に向ける。スタンスを極端なくらい右や左に向けよう

クローズスタンス
オープンスタンス
スクエアスタンス

Point

オープンスタンスはスクエアスタンスよりも左足を後ろに下げて、右足を前に出す。クローズスタンスの場合はこの逆となる。フェース面を目標に向けておき、ボールの位置を変えない

肩はスクエアにセットするのがコツ

肩の向きはどちらも
ターゲットラインに
対して平行

Point

スタンスを極端に右や左に向けて肩をスクエアにするのが、この練習の大きなポイント

NO

肩もスタンスと同じ向きに構えると、球筋をコントロールしにくい

アウトサイドインの
軌道で打ち抜く

球筋はスライスと
なりやすい

インサイドアウトの
軌道で打ち抜く

球筋はフックに
なりやすい

Point

右に振る場合は体の開きが抑えられるため、ボールがしっかりつかまりやすく、フックが生じやすい

クラブを思い切り左に振り抜く練習

アウトサイドに
上げていく

クラブを思い切り右に振り抜く練習

極端なくらい
インサイドに
低く上げていく

Point

左に振る練習ではダウンスイングで体が早く開きやすく、スライスが生じやすい。この練習は、右や左に気持ちよく振り切るのがポイント

part3 3

低い球をマスターして打ち下ろしホールに強くなりましょう

打ち下ろしのティショットではボールが高く上がりすぎると、平地からのティショットよりもボールの滞空時間が長く、風の影響を受けやすくなります。

横風が吹いているときは、ボールが高く上がるほどフェアウェイキープが難しくなります。

そのためにも打ち下ろしの場合は出球をなるべく低く抑えて、フェアウェイに早く落とすのがティショットを成功させるポイントです。

とはいえ意図的に低い球を打とうとしてティアップを低くしたり、クラブを鋭角に振り下ろしてフェースを立てるようにインパクトしたりするのはプロ並みの高度な技術が必要で、とても難しいのです。

上から打ち込みすぎてテンプラになったり、フェースがかぶって左に引っ掛けたりしやすいですから難しいことは避けましょう。

出球を低くしたいときは肩を水平にセット

一体どうすればいいかというと、アドレスを少し変えるだけで十分です。

通常のドライバーショットではやや右肩下がりとなり、体重を右足に多めに乗せます。

体重配分でいえば、右足が5・5、左足が4・5といったところでしょう。これを左右均等の体重配分にし、肩のラインを地面と平行にセットするのです。

体の向きやスタンス幅、ティアップの高さは変えません。肩のラインを水平にして構えたら、いつもと同じ感覚でスイングするだけでOKです。

自然に左足だけでも立てるようなフィニッシュがつくられて、出球が少し低くなります。

これが打ち下ろしホールで使える実戦的なスイングです。

打ち下ろしホールに適したアドレス

両肩のラインを
地面と平行にセット
5.5
4.5

Point
通常のアドレスでは体重を右足に多めに乗せておく

NO

低く打ち出そうとして左足体重に構えすぎるのは逆効果

5
5

Point
アイアンショットに近い体勢で体重を左右均等に乗せる。ティアップの高さやボールの位置は同じ

打ち下ろしホールは「低い出球」が有効

クラブをやや低く
振り抜く感覚となる
出球が自然に
低くなる

Point

肩を水平にセットして構えると、フォロースルーで自然に低く振り抜けるようになり、ボールが低めの角度で飛んでいく

part3 4

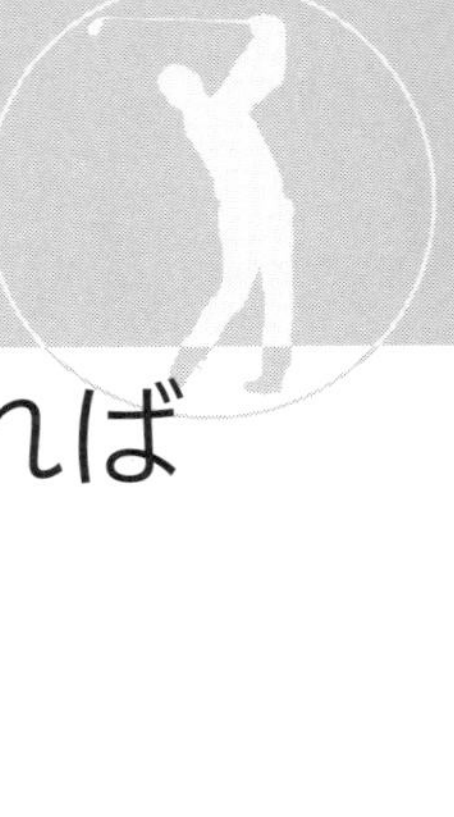

高い球がうまく打てれば打ち上げホールでもミスが出ません

打ち下ろしほど多くはありませんが、ティショットが打ち上げのホールで使えるスイングの練習もしておきましょう。

打ち上げの場合は平地からのショットよりもフェアウェイに早く落ちるため、キャリーがかなり少なくなります。

その分、風の影響を受けにくくなり、フェアウェイキープ率が高まるのはプラス要素といえますが、距離が欲しい場面では高い球を打つ必要が出てきます。

一般的には高い球を打ちたいときは、ティアップを非常に高くし、ボールを通常よりも左に置いて、右足体重の構えからボールを思い切りアッパーブローに振るといいますが、あまり極端なことをやるのは練習で試すのはいいとしても、実戦で使うにはかえって難しくなり、成功の確率が低下します。

ボールを右や左に曲げる場合はクラブを極端なくらい右や左に振ることはありますが、出球の高さをコントロールしたいときは、極端なことはしないほうがいいのです。

出球を高くしたければ右足荷重を強める

出球を高くしたいときは通常のアドレスから上体を少し右に傾け、右ヒジを手前に引き寄せて構えましょう。

右肩下がりが強まり、体重の6割が右足に乗るという感覚です。この場合もボールの位置やティアップの高さは変えません。

右肩下がりに構えればボールをアッパーブローにとらえやすくなり、出球が通常よりもやや高くなります。

ボールを高く上げすぎないのが、打ち上げホールの必勝法です。

打ち上げのホールに適したアドレス

5.5
4.5

上体を少し右に傾け、
右ヒジを引き寄せる
6
4

Point

通常のアドレスはやや右肩下がりで、体重を右足に多めに乗せる。ボールの位置とティアップの高さは変えない

NO

高く上げようとして、極端なくらい右肩下がりに構えるのは避けよう

Point

平地よりも少し右肩下がりが強まり、体重をさらに右足に多めに乗せる

打ち上げホールは「高い出球」が有効

クラブを高い位置へ
振り抜く感覚
出球が自然に
高くなる

Point
打ち上げホールだからといって、「高く上げよう」という意識が強すぎるとミスになりやすい。アドレスを少しだけ変えて、出球を少し高くするだけで十分と考えよう

part3 5

超ワイドスタンスに構えれば自然にコンパクトに振れます

今度はコンパクトスイングを身につけるために7番アイアンなどを使って、超ワイドスタンスの練習をやってみましょう。

この練習では両ヒザを深く曲げて腰を落とし、通常のアドレスよりも両足の間隔を倍くらいに広げます。

大切なポイントは通常のアドレスより頭の高さが低くなっても、前傾角度をあまり変えないようにすること。

最初はクラブヘッドがボールの真上に位置するくらいに前傾角度を浅めにして、それからクラブヘッドがボールに届くまで腰を落とし、両足を左右に均等に広げましょう。

超ワイドスタンスで構えると下半身の動きが制限

されて、スイングが自然にコンパクトになります。

ツマ先下がりのショットの対応策としても効果的

この感覚はツマ先下がりのショットにそのまま応用できます。

ツマ先下がりの斜面はスイング中にバランスを崩しやすく、ミスが生じやすい状況で、安定したアドレスをつくることが重要なポイントです。

スタンスを平地と同じ幅のまま、クラブヘッドをボールに届かせようとして背中を丸めてはいけません。

前傾角度が深すぎてアドレスの姿勢が不安定になり、スイング中に前傾角度が変わりやすくなるからです。

超ワイドスタンスの練習で身につけたように、前傾姿勢をなるべくキープして腰を落としながらスタンスを広げるのがコツです。

特別に意識しなくてもスイングが自動的にハーフショットとなり、ボールを正確にとらえやすくなります。

超ワイドスタンスの練習では前傾角度はなるべく変えないのがコツ

NO

スイング中に下半身が動きすぎてしまう人にも効果的な練習法だ

Point

クラブヘッドを少し浮かせた姿勢から、腰を落としながら両足を広げてクラブヘッドをボールに届かせる

Point

トップとフィニッシュを低めに抑えたハーフショットの感覚は、ツマ先下がりのショットに応用できる

ツマ先下がりの
想定練習として役立つ

NO

背中を丸めてクラブヘッドをボールに届かせようとするのはＮＧ

Point

ツマ先下がりの斜面でも同じ要領で両足を広げながら腰を落とす

スタンスの幅は
通常の倍くらい
トップが自然に
コンパクトになる

Point

超ワイドスタンスに構えれば下半身の安定感が高まる上に、自然にコンパクトスイングで振れる

part3 6

狭いスタンスで構えるとミート率が思った以上に上がることに納得できます

今度は超ワイドスタンスとは反対に、狭めのスタンスに構えて打つ練習です。

7番などのアイアンでも構いませんが、どちらかといえばドライバーやフェアウェイウッドなどシャフトの長いクラブのほうが効果は高いでしょう。

狭めのスタンスは超ワイドスタンスと違って下半身を動かしやすく、体の回転量を大きくすることが可能ですが、この練習量は体の運動量を増やすのが目的ではありません。

スタンス幅を狭くすると同時に、スイングの出力を少し下げてミート率を上げるのが目的です。

通常のフルショットの出力が8割くらいの人なら、狭めのスタンスでは、6〜7割まで力をセーブしましょう。

リラックスしてクラブを軽く振る感覚となりますが、腕や手だけの動きでクラブを操作してはいけません。

バックスイングで胸を右にしっかり回し、ダウンスイング以降は胸が目標を指すくらいまで体を回しましょう。

調子が悪いときは「大人しいスイング」で乗り切ろう

この練習がどんな効果があるかといいますと、コースプレーで調子が悪いときの応急的なスイングとして役立つのです。

力んでしまったり、クラブを振り回しすぎたりしてスイングのバランスが崩れている場合は、体の動きが過剰になっているものです。

スイングが暴れるからボールのつかまりが悪くなってしまうわけで、そんなときは体の動きが波打たないような「大人しいスイング」で調子を立て直すことを考えましょう。

狭めのスタンスも
コースプレーに役立つ

Point
ボールがなかなかつかまらず、調子が上がらない日はスタンスを少し狭くして打つと効果的

スイングの出力を6～7割まで下げる

胸を左右に
しっかり回す意識は
絶対に欠かせない

Point

狭めのスタンスで構え、スイング中に体が波打たないような「大人しいスイング」で打つ練習をしよう

NO

すくい打ちになったり（右）突っ込み打ちになったり（左）するのは「体が暴れた」動きになっているから

part3 7

上下左右の打ち分け練習で自分に合ったスイングや球筋がつかめます

練習場で最高のショットばかりを求めて一生懸命に頑張っても、そんな練習はコースに出たら意味がありません。

というよりもコースには、最高のショットを発揮できる場なんて皆無に等しいのです。

実戦に即した練習を積んでこそ、コースで成果がはっきりと表われます。

この章で取り上げたクラブを極端に右や左に振る練習や、出球の高さをコントロールする練習、スタンスを極端に広くしたり狭くしたりして打つ練習などがまさしくそれです。

今、自分が使っているクラブでどんなことができるのか、どこまでのことが可能なのかを知ることは、コースでプレーする上で重要な情報となります。

コースプレーで使えるスイングの幅を広げよう

クラブを極端に右や左に振る練習は、たとえば右サイドがOBで右にいかせたくないときはクラブを右に振るイメージで対応できますし、左サイドが池の場合は球を左にいかないようにクラブを左に振って球を逃がし気味に打つなど、「逆球」を絶対に打たないための応用テクニックに通じます。

このようにスイングの軌道や球筋をコントロールするコツがつかめてくると、自分で打ちやすいスイングの型や持ち球を確立できますし、ミスショットが出たときにどう対策を練ればいいかもわかります。

出球の高さを打ち分ける練習でも、自分が気持ちよく飛ばせる弾道の高さもつかめてきます。

「どんな球を打つか」を明確にイメージして打てるようなスイング、そしてコースプレーでよい結果が出せるようなスイングをつくり上げてください。

右や左に振る練習は「逆球」防止にも役立つ

Point
オープンスタンスに構えてクラブを左に振る練習でつかんだ感覚は、左がＯＢのホールなどで効果を大いに発揮する

Point
右がＯＢのホールなど絶対に右にいかせたくないときは、クローズスタンスに構えてクラブを右に振る感覚が役立つ

第4章

レベルをワンランク上げるための「大人の練習法」

最終章は成熟したゴルファーになるための効率アップの練習法です。シングルを目指したい人には必須です

part4 1

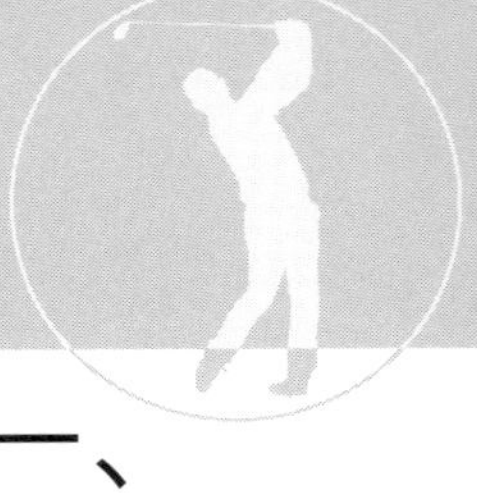

コースでは楽々プレー、練習では「厳しく」をモットーにしましょう

多くのアベレージゴルファーは練習場で大きなミスショットが出てもあまり怒りませんが、コースではちょっとしたミスに腹を立てたり卑屈になったりします。

よく考えてみれば、これっておかしなことだと思いませんか？

ゴルフは「ミスのゲーム」です。

コースプレーではいかに最高のショットを打つかが大切ではなく、ミスショットをいかに少なく抑えるかを第一に考えなくてはなりませんので、コースにおける自分のミスに対してはある程度は寛大な気持ちを持つことは大事です。

でも練習場では、なるべく自分に厳しくありたいものです。

練習でラクしているから、コースで苦しむことになる

スコアは100が切れなくても、ある程度の経験を積んだゴルファーなら、練習場では3球のうちの1球はグッドショットが打てています。でも、あとの2球は右にプッシュアウトしたり、左に引っかけたり、ダフったりしているのです。

コースに出たときも、こんな調子だとどうなるでしょうか？たまにグッドショットが打てても、どこかのホールで右や左にOBを打ち込んでしまい、大叩きしてしまうことになります。

私は試合も含めて、コースではできるだけラクしたいといつも思っています。練習場では自分にプレッシャーを課して、辛い練習を多く積んでおけば、コ

ースでは精神的にリラックスできるものです。

読者の皆さんに厳しいことをいうようで恐縮ですが、練習場は「試練の場」です。コースが試練の場ではないのです。

ところが、ほとんどのゴルファーは練習場でラクをしておいて、コースが試練の場となっています。これでは本末転倒です。

練習で試練を積んでいる人は本番に強い

高校野球だってそうでしょう。日々の練習が試練で、試合が一番ラクなのですから。

1点を争う息づまる展開の試合になっても、練習で試練を積んでいればプレッシャーに打ち克てます。

日々の練習のすべての根本はそこにあると私は考えます。コースでラクできるようになれば、練習場でできてコースでできないなんてことは絶対にあり得ません。

練習場は「試練の場」と考える人は必ず上手くなる

Point

練習場でラクしている人は、コースでは下手すると「修羅場」になる。コースでなるべくラクできるように、プレッシャーを課した練習を積んでおこう

part4 2

２００ヤード先に幅20ヤードのゲートを想定してドライバー練習

コースではＯＢや池などの障害物が視界に入りますし、フェアウェイが狭いホールなどではプレッシャーが高まります。

練習場とコースの一番の違いを上げるとすれば、テンションに尽きます。

普段から緊張感のない練習ばかりしている人は、コースでプレッシャーを感じたときにミスショットが生じやすいのです。

練習場で打席から２００ヤード先にポールがあるとすれば、そのポールの少し右側を狙って打つとか、少し左側を狙って打つなど、自分で目標を明確に設定しドライバーショットの安定性を高める練習をしましょう。

あるいは200ヤード先にフェアウェイの20ヤード幅を想定して、その幅の中に打つ練習も効果的です。

練習場の練習で自分へのテストを行う

練習場の広いスペースの中で、目標を狭く絞って打つ練習は実際にやってみると結構しんどいですし、相当シビアな練習です。

コースでは通常ドライバーを使うのは、パー3ホールを除く14回です。そこで14回のうち何球目標に正確に打てるかを自分でテストするのもいい方法です。

コースのホールをイメージして1球ずつルーティーンを行い、アドレスを丁寧につくり、集中力を高めて打ちましょう。

練習場を試練の場と考えて、コースプレーを想定した練習をするとなると、1球たりとも疎かにできないことがわかります。

それがゴルフの技術を成熟させるための、本当の練習の仕方です。

ドライバーは目標を狭めて打つ練習をする

20 ヤード幅の
フェアウェイを
イメージする

Point

練習回数の少ない人は、少ない球数の中でショットの精度を上げる練習が大切。何も考えずに 100 球打つより、目標を絞って 30 球打つほうがよほど効果が高い

コースでは正確性が勝負だと知ろう

練習では狙った方向に
どれだけしっかりと
打てるかをテストする
コースプレーは
一球一球が勝負だ

Point
10球中何球狙った場所の近くに打てるかを自己採点してみよう。20ヤード幅に打てたら○、幅を外してもその近くに行けば△、大きく外したら×だ。このテストを繰り返して上達していこう

part4 3

150ヤード先に半径10ヤードの円を想定してアイアン練習

狙った目標にどれだけ正確に運べるかをテストする練習では、アライメントも大事にしないといけません。

アライメントとは「方向取り」のことで、要はアドレスの体の向きを間違えないようにすることです。

ドライバーショットではスライスする人がとても多いのですが、カット軌道のために右にスライスするというよりは、最初から体が右を向いているためにボールが目標の右に飛び出してしまうパターンが圧倒的多数です。

右に飛んでいったから、「スライスしてしまった」と思うのは早計で、ボールが右に飛び出してから右に急カーブすることは実はほとんどありません。

今どきのドライバーは曲がりにくくなっています

から、曲がり幅は大きくてもせいぜい10ヤード止まりです。

ということはアライメントさえ間違えなければ、目標を大きく外してしまうことがかなり減ってくるわけです。

アイアンショットの練習はグリーンをイメージして打とう

アイアンショットでは目標の幅がドライバーショット以上に狭まりますから、アライメントがより重要となります。

方向性に気を配り、さらに縦の距離感を合わせるシビアな練習を自分に課しましょう。

150ヤード先に直径20ヤードの大きな円を想定し、距離的に7番アイアンがピッタリの人なら10球のうち、何球その円の中に正確に運べるかをテストしてみてください。

この場合も想定した円の手前にバンカーをイメージするとか、円の中心の手前のどの辺に落とし場所を設定するかを明確に決めて打つようにしましょう。

グリーンを想定して実戦感覚を高めよう

150ヤード先に
直径20ヤードの
円をイメージ

Point

アイアンショットの練習も目標設定が曖昧なままで打っていては、コースで使えるスイングが身につかない。プレッシャーを課して、集中力を高めて練習しよう

方向だけでなく「縦の距離感」も合わせる

アライメントにも気を配り、目標に対してスクエアに構えよう

狙った目標に正確に運ぶには、方向性も大事だが、距離感をしっかり合わせることを優先

Point

150 ヤードだけでなく、100 ヤード先にも 20 ヤード大のグリーンをイメージしてピッチングウェッジや 9 番アイアンなどのショット練習も積んでおこう

自宅ではパターマットで10球連続カップインの練習をしましょう

プロやシングルゴルファーたちは、どのクラブをもっとも多く練習するかといえば当然パターです。パットの出来がスコアに一番表われますし、14本のクラブの中でもっとも使用頻度が高いからです。パットの練習なら自宅の狭いスペースでもどこでもできますし、時間のあいたときにいくらでもできます。私もパターだけは部屋に持ち帰り、パターマットを使ったパット練習を日課にしています。

今ではあまりしませんが、ゴルフを始めた高校生のときや、プロゴルファーを目指して猛練習に励んでいた頃は、１メートルの距離を１００球連続でカップインさせる練習を毎晩していました。

１球でも外したら最初からやり直しです。98球目、99球目…となるとプレッシャーは相当なものです。

この練習で何度か徹夜をしてしまったくらいです。

コースのプレッシャーを自宅で再現

一般のアベレージゴルファーはそこまでやらなくても、1メートルで構いませんから、10球連続でカップインさせる練習を日課にしてはどうでしょうか。外したらやり直しです。10球といえども8球目、9球目あたりでプレッシャーが感じられてきます。

そのプレッシャーがコースでパットを打つ状況と同じなわけで、プレッシャーの中でもきっちり入れる練習を積んでおくと、コースでのミスパットが激減します。

また私は自宅でパット練習をするときも、コースプレーで使用するキャップを必ずかぶるようにしています。

キャップのツバを目安にして両目をラインと平行にセットしやすいですし、コースプレーと同じ視界のもとで練習したいからです。

自宅のパット練習が
スコアアップに直結

YES
1メートルを
20球連続で入れる
練習もしよう

コースプレー同様、キャップをかぶるとツバが視界に入るため、両目をラインと平行にセットしやすい

Point

「毎日ちょっとだけ」なら誰でも継続できるはずだ。慣れてきたら20球連続カップインの練習にもトライしてみよう

自宅のパット練習は少しだけでも効果アップ

△

キャップはかぶらなくてもいいが、目線がラインと交錯しないように注意

Point

自宅でのパット練習は多くの時間をかけなくてもOK。部屋にパターを置いておき、時間のあいたときに少しやるだけでも効果がある

part4 5

パターマットがあれば ランニングアプローチの 練習だってできます

私は自宅でパターマットを使って、ランニングアプローチの練習もよくします。

パターマットの長さは約3メートルで、1・5メートルとか2メートルをキャリーでカップに入れる練習です。カップを外してしまうとマットを大オーバーしてしまうので、マットの先にクッションを立てておきます。

プラスチック製のボールで練習したこともありますが、コースボールとはキャリーや打感がまったく違うため、効果はゼロでした。やはりコースボールを使って練習すべきです。

これを実際にやってみると、「こんなに小さいテークバックでも、こんなに飛ぶの?」ときっと驚きます。

グリーン周りから15ヤードや20ヤード先のピンを

狙うときに、大半のゴルファーはテークバックを大きく取りすぎてしまいます。「飛びすぎてしまう」と本能的に察知するとインパクトで減速したり、グリップを緩めたりしてザックリやトップなどのミスを招く結果となるのです。

パターマットで短い距離のアプローチ練習をしておくと、適切な大きさのテークバックの感じがつかめてきます。

ランニングアプローチの練習でロングパットも上達

またランニングアプローチの練習を多く積んでおくことで、ロングパットの距離感が早くつかめるという利点もあります。

ボールを上げるアプローチの練習ばかりしていると、ロングパットの距離感との互換性がなく、ロングパットが上達しにくいといえます。

そうした意味でもカップの先のクッションに向かって、15ヤードや20ヤードのランニングアプローチを想定して、4～5ヤードくらい低くキャリーさせるつもりで打つ練習は、ロングパットの上達にも役立ちます。

自宅でランニングアプローチの練習

パターマットを使い、
カップまでの距離を
キャリーさせる

Point
キャリーでカップインさせるランニングアプローチの練習で適切なスイング幅をつかもう

ランニングアプローチとロングパットは関係が深い

危険防止の為
練習グリーンまわりでの
アプローチショット禁止
IN
ランニングアプローチの
距離感はロングパットの
距離感に通じる

Point
パターマットでランニングアプローチの練習を積んでおくと、ロングパットの距離感を合わせるコツがつかめる

part4 6

クラブを持つだけでグリップの感覚に早く慣れます

ゴルフの上手い人や、シングルハンデを長く維持している人たちは、ゴルフが生活の一部となっています。

誤解しないでください。毎日練習して、週に1度は必ずコースに出かけなさいと押し付けているわけではありませんので。

練習は週に1回、ラウンドも月1回でもいいのです。その代わりとして、クラブには毎日触れるようにしましょう。

クラブはドライバーでもアイアンでもなんでも構いませんから、パター以外にもクラブを1本自宅の部屋に置いておきましょう。

素振りもしなくて結構です。椅子に座ってテレビを見ながら、両手をグリップするだけで十分足ります。

両手でクラブを握り、体の正面でクラブを真っ直ぐ立てて持つと両ワキが自然に締まり、バランスのいいグリップをつくるコツがつかめます。

ボールを打つとき以上に、きれいなグリップがつくりやすいのです

そして両手でグリップを固定したままで、クラブヘッドを上下左右に軽く動かしましょう。

両手にクラブの重さを感じておくフィーリングや、グリッププレッシャーを適切にキープする感じも体感できます。

箸を持ったり歯を磨いたりするように、グリップを持つ感覚を「日常的な感覚」にまで引き上げると上達がスピードアップします。

グリップを固定し、クラブヘッドを軽く動かそう。両手をバランスよく握る感じがよくわかる

テレビを見ながら、ずっと両手にクラブを持っているのも立派な練習となる

part4 7

「復習」の練習こそ上達にもっとも直結する一番の練習です

ゴルフの上手な人と、なかなか上手くなれない人の練習方法の一番の違いは、「ラウンド後の練習」をするかしないかという点に行き着きます。

ラウンドを控えて、コースプレーを想定した順繰りの練習などはそれなりの効果があるのは確かです。でもラウンド前の準備練習は、あくまでも「予習」に過ぎません。

勉強は予習も復習も大事ですが、コースプレーでは「何がよくなくて、ダメだった原因は何か？」を予習では把握できないのです。

それよりもラウンド後にその日のプレーを振り返って、「どんなミスが多く出たのか」「何がダメだったのか」など自分の課題を見つけて練習し、その日のうちに解決しておくことが重要です。

テストで問題が解けなかったところは、後で勉強し直したでしょう。要はゴルフの場合、予習よりも「復習」が肝心だということです。

上手な人と行動をともにする人は上達が早い

ですから何を練習するか以上に、「いつ練習するか」が練習の成果を上げる上でキーポイントになるといっても過言ではありません。

何もわからないまま闇雲に打って、量をこなすだけでの練習では意味がないのです。

上手い人たちはラウンド後にもよく練習しますから、できることなら自分もその環境に置くことをお勧めします。

「練習するぞ」と引っ張られますし、いろいろな面で触発されて自分から進んで練習するようになります。

上手な人たちとプレーしていると自分の常識が変わり、ゴルフ観のレベルがアップします。

ＯＢを連発したり、３パットや４パットばかりということがなくなってくるのです。

早くシングルゴルファーになれる人たちの共通点はそこにあります。

行動の幅を広げて、向上心を高めることも大事

その点、上手くない人たちだけでプレーしていると何の刺激もありませんし、向上心も生まれません。

普段からどういう練習を積んでおけば、コースで使えるスイングが身につくかも気づかないまま一生を終えてしまうことになりかねないのです。

メンバーコースで誰かと知り合うとか、自分のホームコースを持つのが難しければ練習場の友の会に入るとかして、自分から上手な人にアプローチすることも上達のキッカケづくりのひとつです。

ゴルフの練習は予習よりも
復習が肝心だ

その日の課題を見つけて
ラウンドを終えた後に
反省練習をしておこう

YES

上手な人と一緒に行動すれば、練習の幅がどんどん広がる

Point

その日のプレーの課題を見つけて、ラウンド後に問題点を解決しておく。復習練習をしっかりやることで確実にレベルアップする

おわりに

読後の感想はいかがでしょうか。

ゴルフが上手くなるための練習には、こんなやり方もあるのだなと理解していただけたら喜ばしい限りです。

もう一度申し上げますが、練習場で最高のショットを求めてばかりいてもほとんど効果はありません。

練習場でグッドショットを打てるようなスイングの練習を積んでも、コースで使えないスイングではまったく意味がないのです。

コースで使えるスイング、スコアメイクに直結するスイングを身につけるにはコースプレーを想定した練習を多く積むことが大切です。

でも、あまりにも多くのことをやる必要はありません。

今までの練習内容を振り返って、こんな練習が無駄だったかななどと思い直して練習方法を改善するだけでも成果がかなり違ってくることでしょう。

練習場で楽しく練習するのはとてもいいことですが、練習の成果がコースで表われたらもっと楽しいですし、とても嬉しくなります。

だからこそ、練習を厳しくすることも必要だと思います。コースでなるべくラクできるようにするための練習です。

練習でラクして、コースで苦しんでストレスをためて帰ってくるくらいなら、もう少し練習で苦しい思いをしてみてください。

その苦しみがスコアアップという最良の結果へと導いてくれます。


最後になりましたが、本書の出版を決めてくださった日本文芸社の三浦昌彦さん、構成者の三代崇さん、菊池企画の菊池真さんには多大なる御協力を賜りました。

この場をお借りして厚く御礼申し上げます。有り難うございました。

中井　学

1972年（昭和47年）大阪府生まれ。14歳からゴルフを始め、高校3年時に日本ジュニア出場。その後アメリカに留学。シトラスコミュニティカレッジ（カリフォルニア州）では大学選抜として活躍。永住権を得られず、アメリカでのプロ転向を断念し1997年帰国。2003年よりプロコーチ活動開始。これまでに数多くの選手の初優勝、初シード入りに貢献する。ツアーに帯同する傍ら、2009年より本拠地を東京に移しレッスンを展開。プロ、アマ問わず、多くの悩めるゴルファーの駆け込み寺となっている。『誰もいわなかったゴルフの基本』『誰もいわなかったシンプルゴルフのすすめ』『誰もいわなかったゴルフはアドレスが9割』（以上河出書房新社）、『中井学ゴルフがいきなり上手くなる素振りレッスン』『ゴルフは飛ばなきゃつまらない！』『DVDつき 中井学の超ゴルフ学（全4巻）』（以上主婦の友社）、『ゴルフ パットシングルになる！』『ゴルフ100ydシングルになる！』『ゴルフ ティショットシングルになる！』『強い球で飛距離が伸びる！ ヒップターンスイング』（以上池田書店）、『体が硬い人のためのゴルフスイング講座』（学研プラス）など著書多数。
UUUM所属。
近況等はツイッターアカウント@nakaigaku

著者紹介
中井 学
（なかい・がく）

週《しゅう》1回《かい》30球《きゅう》で上《う》手《ま》くなる！大人のゴルフ練習帳《れんしゅうちょう》

2019年2月1日　第1刷発行

著　者　中井《なかい》　学《がく》
発行者　中村　誠
印刷所　株式会社暁印刷
製本所　鶴亀製本株式会社
発行所　株式会社 日本文芸社
〒101-8407　東京都千代田区神田神保町1-7
TEL 03-3294-8931（営業）　03-3294-8920（編集）
URL　https://www.nihonbungeisha.co.jp/

Printed in Japan 112190115－112190115 Ⓝ 01　(210063)
ISBN978-4-537-21649-3

編集担当：三浦

STAFF

構成：三代 崇
編集協力：菊池企画
装丁・本文デザイン：石垣和美（菊池企画）
撮影：天野憲仁（日本文芸社）
DTP：原沢もも
撮影協力：こだまゴルフクラブ（埼玉県本庄市）
企画プロデュース：菊池 真